懂聊敢聊肯聊

才能聊出一朵花

交談話題、說服策略、溝通技巧，
突破對方心理防線，改善工作和生活，一箭雙鵰！

聊天、談心、打電話、洽談工作、訪察接待，
天天都需要說話，你卻不懂該如何把話說好？

談話有各種形式，可正式也可非正式，
可事先計劃也可即席演出。

談話最重要的是如何更好地表達
你想傳遞的資訊！

目 錄

目錄

十二、轉移暗換，智語言理

目錄

前言

古羅馬時代，一般家庭都會把英雄的塑像供在家裡，目的是為了讓孩子隨時都有效仿的目標，以這種方法激勵孩子們學習英雄人物的自覺性，從而使孩子成長為具有英雄特質的人。

我寫這本書，也是為了讓人們，特別是年輕人學習英雄人物的高尚品格，因為只有具備了高尚品格的人才能取得偉大的成就。人們要在世界上建立偉大的功績，創造成功的人生，實現人生的價值，必須首先具有高尚的特質。我的目的就是指導人們如何在現實生活中獲得必須具備的能力，如何在自己選擇的人生目標裡獲得真正的成功。

古希臘有一位哲學家曾說過這樣一句話：「長者常常對年輕人進行誠懇的指導，以及苦口婆心地勸導、督促和忠告，卻很少有人願意用平等的身分傾聽年輕人的苦惱和心聲，並與他們平等地交換看法。」

我則希望透過本書與讀者進行平等地對話，並且想用我蒐集的無數的成功例子來激發年輕人，讓他們從心底產生成功的慾望，一心一意、不甘示弱地投身到有意的人生之中；丟棄懶惰和懈怠的想法，振作起來，掌握人生的航向，創造輝煌的事業。

這本書裡的名人成功事蹟，他們的偉大成就對人類社會有極其重大的意義。我在本書裡揭示了他們成功的祕密，剖析了

前言

他們成功與失敗的主要原因，挖掘了他們取得成功所具備的特殊個性，指出了是什麼精神在激勵著他們不斷奮鬥，是什麼人格特質促使他們取得這樣偉大的成功的深層因素。

我在這本書想指出的是，為什麼有的人能夠在洶湧的急流中勇敢前進、縱橫馳騁，在人生的道路上取得一個又一個輝煌的戰果，從而感受到美好人生的幸福與快樂？另外一部分人卻總是自怨自艾，不思進取，過著窮困不堪、萎靡不振的庸俗生活？事實上，人們取得偉大成功的主要祕密就是具有堅韌不拔的意志力和堅持不懈的忍耐力，他們即使屢戰屢敗、傷痕累累，仍然不屈不撓，堅持到底。

在我們的日常生活中，無數人的生活都平淡而繁瑣、普通而平庸，其實他們不知道，他們原本也是可以獲得成功的，但他們卻沒有獲得那樣的殊榮。

我想透過本書讓年輕人懂得一個道理，就是如何迎接生活的挑戰，如何追求崇高的理想；還想藉此機會讓大家堅信，只要具有偉大而崇高的理想追求，任何艱難險阻都不能阻擋他前進的步伐；只要具有鍥而不捨的追求精神，成功就一定屬於他。

透過此書，我還想讓年輕人了解，如何克服人生的困難，如何增強成功的信心，我要讓每一個人都知道，凡是別人能夠做到的，你同樣能夠做到；別人能夠成功，你也能夠成功。

另外，為年輕人的事業發展進行指導，鼓舞那些懷才不遇或鬱鬱不得志的年輕人重新尋找到新的人生目標，讓他們懂得如何展現自己的才能，幫助他們找到自己的人生方向，使其在生命的旅程中實現自己的理想追求，也是我寫這本書目的之一。

　　本書還想向你說明一個道理，即一個人如果不能盡快適應自己生活的環境，那麼他的一生同樣會無所作為、默默無聞。因為在這樣的環境中生活，他只能靠自己厭惡的生存方式勉強度日，而不能利用自己的優勢取得成就。

　　本書告誡年輕人，比事業成功更重要的是首先要學會生活，也就是說，為自己尋找最佳的生活方式極其重要。

　　新的世紀為我們提供了廣闊的舞臺，也為人們提供了更多的施展自己才能的機會，值得人們去努力奮鬥、積極進取，也足以使那些不思進取、裹足不前的人振奮精神，去獲取輝煌的成功！

前言

一、娓娓道來,有效溝通

談話的含義和特徵

談話的含義

　　談話亦即交談，是說話雙方有來有往的口頭語言資訊交流。交談的過程既是人們借助口語交流思想、傳遞資訊的過程，又是互相用各自的觀點、情感影響對方的複雜的心理交流過程。這種說話形式是人們進行社會交際活動的最基本的語言形式，使用起來方便、靈活，效果快。在日常生活工作中的聊天、談心、座談體會、切磋經驗、洽談工作、調查訪問、來訪接待、談判、打電話等等，都要用到交談這種說話形式。儘管人們幾乎天天在運用交談進行交際，但是，並不是人人都達到藝術境界。交談的效果如何，能夠反映一個人的口語表達的水準。交談時冗長拖沓、言不及義、顛三倒四、語無倫次、問話不明、答非所問、木訥寡言、平淡乏味、冷言惡語、庸俗失禮等各種觀象並不少見。而成功的交談可以提升工作效率，增進說話雙方的了解和友誼，同時還能使人提升思想水準、知識水準。所以，一定要努力提升口語素養，培養交談的能力，掌握好這個重要的交際手段。

談話的特徵

■ 談話是一種雙向的資訊交流活動

談話是一個透過語言進行的動態交流過程。談話的雙方及其語言表達的內容是構成談話的基本要素。如果缺少一方或缺少任何一方的語言表達，那就不能成為談話。透過對談話過程的分析，能夠更清楚地說明談話的這種雙向交流性。

談話過程不論簡短還是複雜，也不論是兩人之間還是多人之間進行，它的基本單位都是話語。話語的構成可以是單字、短語、句子，也可以是句群乃至更大的語言單位。一個話語的終點稱為「轉換關聯位置」，而每次談話的全過程都是由一個個話語的轉換構成的。如下面這個例子：

晏子使楚。楚人以晏子短，為小門於大門之側而延晏子，晏子不入，曰：「使狗國者從狗門入，今臣使楚，不當從此門入。」儐者更道，從大門入。見楚王。王曰：「齊無人邪？使子為。」

晏子對曰「齊之臨淄三百閭，張袂成陰、揮汗成雨、比肩接踵而在，何為無人！」楚王曰：「然則何為使子？」晏子對曰：「齊命使，各有所主。其賢者使使賢王，不肖者使使不肖王。嬰最不肖，故宜使楚矣。」

楚人想羞辱晏子，晏子憑著機智和口才予以了回敬。經過一來一往兩個回合，羞人者最終被人羞。晏子的機智對答成為歷史佳話，為人們所傳頌。晏子與楚王的談話共由四個話語組

成。楚王說：「齊國沒有能人嗎？怎麼派你來當使者！」這是一個話語，由兩句話構成，接著他就停止了表達，等待晏子答話，這就是轉換關聯位置。晏子的回答是第二個話語。經過四個話語，楚王已自討沒趣，無語可說，談話便結束了。

可見談話正是交談雙方有序進行語言表達，而達到雙向資訊交流效果的一種語言活動。

■ 談話具有鮮明的行業性

行業不同，其談話形式也就不同。例如：司法交談、商貿交談、醫療護理交談、教育交談等等，凡此種種，難以列舉。可以說，有一個獨立的行業，就會有這個行業特點所要求的行業交談，也就是說，每種行業交談的形式、特點、常用方法和技巧又都各具「個性」，如果分門別類地加以深入細緻的研究，每種交談均可各成一本專著，各為一門學問。

談話的結構和過程

談話的結構

談話的結構由預示語列、對答語列、插入語列、修正語列和結束語列五個語列構成。

■ 預示語列

指說話人為使聽話人意識到有話相告而說的話語，它常用於談話的開始或談話中另一話題的開始。例如：

甲1：小張在嗎？

乙1：在。

甲2：叫他馬上過來一下！

乙2：是。

甲1與乙1為預示語列。預示語列是說話人表達「請求」、「邀請」、「命令」等語旨行為的最典型的談話結構形式。預示語列通常都是談話的開始語列，但開始語列並不一定都是預示語列。若雙方一開始就進入實質性問題的談話，就往往不用預示語列。上例中若甲對乙說如果小張在，就叫他馬上過來一下，就沒有預示語列了。

■ 對答語列

指由談話雙方分別說出的具有配對關係的一組話語，是談話過程中運用得最多的語列。如：互致問候、詢問－回答、提議－響應、道歉－撫慰等都屬於對答語列。由於預示語列的話語之間具有對答關係，因此也可以做對答語列，但它在談話中具有特殊的作用。

一、娓娓道來，有效溝通

■ 插入語列

指談話時在對應語之中插入的其他語列。例如：

甲 1：你昨天買來的那本書能借我看看嗎？

乙 1：我昨天買來了好幾本書，你指哪一本？

甲 2：我是說《中文邏輯概論》。

乙 2：行啊！我下午給你帶來。

甲，是詢問，它的對應語應是回答（「可以」或「不可以」），但乙為了明確甲的所指，不得不再進行詢問，乙 1 與甲 2 就成為插入語列。插入語列不同於轉移話題，它只是為應答語做準備。一旦條件成熟，針對最初始發語的應答語就會出現。

■ 修正語列

指對話過程中說話人修正自己話語或促使對方修正話語的語列，它是一種特殊的插入語列。例如：

甲 1：小吳的歌唱得棒極了！

乙 1：是小吳，還是小胡啊？

甲 2：噢，是小胡。

在談話中，甲把「小吳」與「小胡」搞錯了，經乙提醒，甲做了修正，修正機會有一個選擇的等級序列，甲可能在說出第一句話後發現有錯，緊接著進行自我修正，也可能經乙提醒後做出修正，也可能經一次對答或幾次對答後才做出修正。選擇的等級序列使得談話中的錯誤隨時得以修正。

■ 結束語列指談話的結束語

常見的如「再見」、「祝一路順風」、「晚安」等等。

以上介紹的五種語列並不是在每一次談話中全部都具有的。現實的言語交際受談話雙方關係的親密度、時間、地點、話題等因素的制約而表現各異，有的談話只有一組簡短的對話語列，有的談話則由以上語列不斷重複組合，因此不能把談話過程簡單地看作是這五種語列的先後排列。

談話的過程

談話是說話人向聽話人傳達某種資訊的過程，這個過程的基本環節是表達和理解。其一般代號為：m 為意思，I 為意圖，I（m1）表示說話人為實現某種意圖而產生的想要表達的意思；U 為話語，U（m2）表示話語在語境中客觀具有的意思；E 為語效，E（m3）表示聽話人根據語境與自身的背景知識（情感）對 U（m2）實際理解的意思，亦即說話者說出話語後所具有的語效。

從以上代號可以看，言語交際中「意思」有三個層次：一是說話者想表達的意思（m1）；二是表達出來的意思（m2）；三是聽話人所理解的意思（m3）。這三層意思有時是一致的，有時是不一致的，如「詞不達意」、「言未盡意」。

■ 表達

A. 表達的要求。

表達是說話者把自己的思想感情組織成話語傳達給聽話人的過程。人們的表達總是期望達到某種目的。如：為了得到對方的解答，或是為得到對方的認可，或使對方接受一種思想觀點，或是阻止對方某種行為等等。然而，這是說話者的主觀願望，它能否實現，能在多大程度上實現，取決於如何表達。能不能表達與是否善於表達是不同的。一個人只要有言語能力並且有思想，就能表達，但並不一定產生預定的語效。善於表達的人能針對特定的對象、特定的環境而採取靈活的表達方式，從而達到交際目的。我們把這類表達稱為良性表達。

良性表達的要求主要有兩條，一是準確性，一是恰當性。表達的準確性要求說話者想表達的意思與實際表達出來的意思相一致，即 m1 ＝ m2，它要求說話者做到意隨旨出，意在言中。如果話語的意思不是說話者想表達的意思，或說話者想表達的意思沒有完全包含在話語中，這樣的表達就是不準確的，即 m1 ≠ m2。例如：

當祕書的新郎向來賓鞠躬，說道：「衷心感謝大家，在百忙中參加我們的婚禮。這是對我們極大的關懷、極大的鼓舞、極大的鞭策。由於我們倆是初次結婚，缺乏經驗，還有待各位今後對我們幫助和扶持。今天有不到之處，希望大家提出寶貴

意見，以便我們下次改進。歡迎再來。」

新郎想要表達的意思，一是對各位來賓表示真誠感謝；二是招待中如有不周，請大家諒解。但由於新郎書生氣十足，習慣了官場套話，表達出來的意思不僅誠意顯得虛浮，而且包含了下次還要結婚，使得話語的意思不完全是他想要表達的意思，鬧出了笑話。

表達是說話人運用語言，或者說是遣詞造句的過程。選擇什麼樣的語詞和句子將直接影響到表達的準確性。因此，要做到表達準確，必須加強語言修養。例如：有人問亞里斯多德（Aristotle）：「你和平庸的人有什麼不同？」亞里斯多德答道：「他們活著為了吃飯，而我吃飯是為了活著。」亞里斯多德的回答不僅簡練，而且準確。平庸之輩碌碌無為，沒有奮鬥目標，生活僅僅為了生命的延續，而科學家有崇高的奮鬥目標，生活是為實現這一目標的奮鬥歷程。大家都要吃飯，但目的卻不同。

表達的恰當性要求話語與語境要協調一致。說話人的表達是為了實現預期的語效，這一方面要做到表達準確，另一方面要使表達方式適合於聽話人的思想感情，適合於周圍環境。不滿足於前者，交際不會成功，不滿足於後者，交際也不會成功。例如：

一家人生了個男孩，全家高興透了。滿月的時候抱出來給客人看 —— 大概自然，想得到一點好兆頭。

一個人說：「這孩子將來要發財的。」他於是獲得了一番感謝。

　　一個人說：「這孩子將來要做官的。」他於是收到幾句恭維。

　　一個人說：「這孩子將來是要死的。」他於是受到大家譴責。

　　這是一篇雜文的一部分。我們暫時不討論當時寫這篇雜文的社會歷史背景，如果純粹從言語交際角度來分析，第三個人說了真話，他是從人生發展的必然規律角度來說的，想表達的意思與表達出來的意思是一致的，但這句話與當時喜氣洋洋的祝賀氣氛不協調，使主人和客人們無法忍受，因而遭到了譴責。這句話在這一語境中就是不恰當的。

　　一句話是否恰當並不由說話人的主觀意願決定，而是由具體語境決定的。一句話在語境 C1 中是恰當的，在語境 C2 中不一定恰當；反之，在語境 C2 中恰當，在語境 C1 中不一定恰當。例如話語「你真狡猾」，如果交際雙方關係親密，與周圍人也比較熟悉，交談氣氛自然活躍，那麼甲對乙的某一行為說這句話就是恰當的。如果交際雙方關係非常一般，或交談氣氛嚴肅，那麼甲說這句話是不恰當的，因為它會使得乙不高興，心存芥蒂，有礙於言語交際的正常進行。

　　「恰當性」是指滿足語境的一些條件，而這些條件是根據交際準則，如認真準則、禮貌準則等制定出來。話語只有滿足

這些語境條件才是恰當的，否則，就是不恰當的。如何才能使表達恰當呢？關鍵是從語境出發靈活運用語言。一個意思可以用不同的話語、不同的語氣來表達，可以委婉，也可以直敘，靈活運用表達方式，才能取得最佳的交際效果。又如：

　　瘦弱的英國著名作家蕭伯納（George Bernard Shaw）在一次聚會上碰到了一位大腹便便、腦滿腸肥的商人。商人譏諷道：「一見到你，人們必然以為英國發生了飢荒！」蕭伯納微著道答道：「不錯，但要是人們見到了你，就會馬上明白飢荒的原因！」

　　針對商人的譏諷，蕭伯納沒有與之爭辯，也沒有怒斥，而是不失風度和禮貌，表達了社會上的飢荒是由於資本家的剝削而造成的觀點。表達方式委婉，但非常有力，與語境十分協調。又如：

　　一地方官謁見上司。上司問：

　　「聽說貴地山村有熊，不知都有多大？」

　　「大的有大人那麼大，」地方官自覺不妥，隨即補充道：「小的有卑職那麼大。」

　　地方官想表達的意思是熊有成年人那麼大，但「大人」一詞古時也常指上司，是個多義詞，因此在該語境中說這句話不恰當，它會引起上司的不悅，影響交際效果。地方官想透過修正語列來說明，結果弄巧成拙，使得表達出來的意思與他想要表達的意思相悖，熊究竟有多大還是沒讓人明白。

表達的準確性要求與恰當性要求是從不同方面提出的。表達的準確性指的 m2 與 m1 的關係，恰當性指的是 m2 與語境的關係。或者說，準確性是與語旨行為有關，而恰當性是與語效行為有關，這是它們的區別之一。其次，準確的表達不一定都是恰當的，而恰當的表達一般都是準確的。前者實際上是指說話人想表達的意思不一定都是恰當的，這類情況是常見的，恰當的表達總是與說話人認真掌握語境各要素分不開的，因而一般都是準確的。

B. 已知資訊與新資訊

說話人的思想感情是借助話語來表達的。思想感情是一種資訊，話語是傳達這類資訊的物質載體，它包括已知資訊和新資訊兩部分。這裡，我們先介紹兩個與此有關的概念：預設和斷言。

簡單地說，預設就是從語句 S 和它的否定式 S 中都可以推導出來的語句。例如：

S ：老王的兒子今年考上了大學。

S ：老王的兒子今年沒考上大學。

S 與 S 互相否定，不能為真，但從它們都可以推出：

S ：老王的兒子今年考了大學。

S 是 S 的預設，同時也是 S 的預設。預設的真值條件為：S 預設 S'，當且僅當 S 真 S'真，S 假 S'也真。

一個語句常常不止一個預設。如：上例的預設「老王的兒子今年考了大學」又預設「老王有兒子」，它還預設存在老王其人。語句的多重預設之間具有傳遞性，即 S1 預設 S2，S2 預設 S3，可推出 S1 預設 S3。

斷言指語句中對事物情況做出斷定的部分。如上例 S 中，對「老王的兒子」做出斷定「今年考上了大學」，這就是斷言。斷言的真值條件為：S 斷言 S'，當且僅當 S 真 S'真，並且 S 假 S'也假。

話語的預設是談話雙方都能接受的內容，亦即雙方有共同的背景知識。因為談話雙方不論對話語是肯定還是否定，其預設都是成立的，都為雙方認可。人與人之間（不論觀點分歧多大）所以能夠進行談話，因為有著預設。所以，對談話雙方來說，話語的預設是已知資訊，是明確的內容。假如一方不知道老王其人或老王有個兒子，那就不可能談論老工的兒子今年是否考上大學這件事。斷言則不同，斷言的內容是聽話人原先不知道的，是說話人要提供給聽話人的，因而，它是話語中的新資訊。

話語所包含的已知資訊是談話的基礎，如果包含的已知資訊越豐富，則話語越容易為對方理解。話語所包含的新資訊是談話的客觀要求，亦即談話成為必要的前提。如果話語包含的全是已知資訊，則為廢話，反之，如果全是新資訊，則對方無法理解。所以，話語總是包括已知資訊和新資訊兩部分。

話語的已知資訊與新資訊與話語結構相關聯。話語總是由話題和說明兩部分構成。話題指話語所涉及的對象，說明指關於話題的內容。例如：

S：小李去年才加入會員。「小李」是說話人選定的談論對象，因此是話題，「去年才加入會員」是關於小李的情況，所以是說明。

從以上不難看出，話語中的話題就是這一話語的預設，即已知資訊；而說明則是它的斷言，即新資訊，它們之間存在對應關係。由於談話中話題只造成指向作用，而說明則提供了所需資訊，因此，從交際價值上說，說明大於話題，表達過程中應注重新資訊的傳遞。

C. 隱含意義的傳達

談話過程中，說話者想表達的意思不外乎透過兩種方式傳達給聽話者，一是直陳己見，二是透過言外之意，讓聽話者去領會。後者就是話語的隱含意義。

談話過程不論是簡單的還是複雜的，要使之順利進行，參加者都必須遵守一些基本規則，其中最主要的是合作原則。下面介紹合作原則的一些內容。

合作原則是一條整體原則，它具體表現為以下幾條準則和次準則：

➢ 量的準則，指提供適當的資訊量。

· 所說的話應包含談話主題所需要的資訊；

· 所說的話不應包含超出需要的資訊。

➢ 質的準則，指努力使你說的話是真實的。

· 不要說自知是虛假的話。

· 不要說缺乏證據的話。

➢ 關係準則，指說話內容扣題。

➢ 方式準則，指表達清楚明白。

· 避免晦澀。

· 避免歧義。

· 簡練。

· 井然有序。

➢ 態度準則，指話語必須是有禮貌的。例如：

吉米·卡特（Jimmy Carter）競選美國總統時，一位反對派的女記者採訪他的母親。

記者：「卡特說過假話嗎？」

卡母：「說過，但那都是善意的話。」

記者：「什麼叫善意的假話？」

卡母：「比方說，你剛才進門的時候，我說你很漂亮。」

針對記者的提問，卡特母親說的是真話，承認卡特說過假話。但她特意說明，那都出於善意，這裡遵守了量的、質的和

關係準則；卡特母親的表達清楚明白，儘管知道女記者後來的問話不懷好意，但並沒有怒斥，而是予以禮貌但又有力的回敬，這裡遵守了方式準則和態度準則。

以上五條準則是為保證談話得以進行提出來的，是就談話和話語的不同方面說的。如果同時遵守了這五條準則，那談話必然是順利的。但合作原則並不要求說話人必須同時遵守這五條準則。事實上，人們在談話過程中也常常違背其中的準則，但談話仍能合作進行。如，說話人為遵守某一準則而不得不違反另一準則，或者說話人有意不去遵守某一準則，但他相信聽話人會覺察出這一點，並會認為他仍然是合作的。例如：

甲：「小張最近在忙什麼？」

乙：「我很長時間沒和他聯繫了」。

乙的回答沒有為甲提供小張最近在忙什麼的任何的資訊，違背了量的準則，但乙確實不知道，為了遵守質的準則和態度準則，他只有違背量的準則。實際上他還是遵守了合作原則，向乙傳達了「我不知道小張最近在忙什麼」這一意思。又如：

甲：「你知道小吳這個人嗎？」

乙：「我和他哥哥是多年的同學。」

乙似乎沒有回答甲的問題，但他相信甲會認為他是遵守合作原則的，至少也遵守關係準則，即這兩句話是有關聯的。多年的同學相互了解比較多，包括家庭情況，因此，甲就可以從中推出「乙知道小吳這個人」。

以上兩例介紹的實際上就是隱含意義。由此可見，隱含意義是由表面上違背合作準則而產生的言外之意，並且聽話人根據合作原則和語境能夠推導出來。因此，隱含意義的傳遞是談話雙方在更高層次上遵守合作原則的結果。

我們可以這樣來定義隱含意義：一個人的話語 p 具有隱含意義 q，當且僅當，a 假定他遵守合作準則，或至少是遵守合作原則；b 為了遵守假設 a，他意識到當他說 p 時，q 是 p 中應有之義；c 說話者認為（並且希望聽話者認為說話者認為）q 為 p 中應有之義一定是在聽話者能夠理解或自覺掌握的範圍內。

運用隱含意義來傳達說話人想要表達的意思，是表達靈活性的一個重要方面，它能夠使談話含蓄風趣，達到成功語言交際的目的。例如：

羅斯福當選美國總統之前，在海軍任過要職。一天，一位朋友向他問及在一個小島上建立潛艇基地的計畫。

羅斯福看了看四周，壓低聲音說：「你能保守機密嗎？」

「當然能。」朋友答道。

羅斯福微笑著說：「我也能。」

羅斯福的問和朋友的答是插入語列，羅斯福後來的回答表面上看違背了關係準則，因為「我也能保守機密」並不是始發語「在小島上建立潛艇基地的計畫如何」的應答語，但在該語境中，羅斯福知道他朋友不會認為他是不合作的，於是這句話就產生了隱含意義「這是機密，不能告訴你」。透過這一隱含

意義的傳遞,羅斯福既沒有泄密,也沒使朋友難堪,達到了談話的目的。

話語的隱含意義具有五個基本特徵:一是可取消性,即在原始前提上附加某些前提,如說話人作附加說明,則原隱含意義就會被取消;二是不可分離性,指它是依附於話語內容,而不是依附於話語形式,如果話語在特定的語境中產生了語言含義,而無論替換什麼樣的同義結構,隱含意義始終存在;三是非規約性,它雖然依附於話語內容,但既不是話語的字面意義,也不是字面意義的一部分;四是可推導性,即聽話人根據合作原則和語境可從話語的字面意義中推導出來;五是不確定性,即同一話語在不同的語境中可以產生不同的隱含意義,即使在同一語境中也可能產生幾種不同的隱含意義,有時難以確定究竟是哪一個。這五個基本特徵是話語的隱含意義與其他意義,如預設、蘊含等的區別所在。

■ 理解

A. 理解的要求。

理解與表達是密切相聯的,有表達就有理解,因為人們的表達就是為了讓對方理解。它們之間的區別在於,表達是說話人根據表達意圖、組織話語傳達給聽話者的過程,而理解則是聽話者根據說話人所傳達的話語來領會說話人的意思的過程,它是表達的逆過程,也可以視之為表達的語效行為。例如:

甲：「這幾天你好像很忙？」

乙：「是的，我們在籌備會議。」

甲的話語既表示關心，又包含了詢問，乙正確理解了甲的意圖和意思，並積極合作，予以滿意的回答。理解的最根本要求是準確。表達的準確性指的是 U（m2）與 I（m1）的一致性問題，理解的準確性指的是 E（m3）與 U

（m2）的一致性問題，話語意思 U（m2）是說話人與聽話人相溝通的仲介；聽話人只有準確理解了話語意思，才能決定對說話人的態度的行為，是贊成還是反對說話人提出的思想觀點，是接受還是拒絕說話人提出的某種要求等等。如果聽話人不能準確理解話語意思，就難以做到這一點，談話也就不能順利進行。

如何做到理解準確呢？首先表達要準確、恰當。理解是對於表達而言的，如果表達本身含混不清或晦澀難懂，那麼聽話人即使積極合作，也難以準確理解。例如：

甲：「你明天上午去參加座談會嗎？」

乙：「去不了了，手頭事情實在多，但這次座談會非常重要，不去又不行。」

乙的回答究竟是去還是不去呢？甲無法準確理解。從邏輯上說，乙的答話犯了「兩不可」的邏輯錯誤，意思含混不清。

其次，聽話人要認真聽講，結合語境來掌握話語意義，尤其是話語的隱含意義。如果說前一關是理解準確性的客觀條件

29

的話，這一點就是主觀條件。表達是否準確不以聽話人的意志為轉移，但是否認真聽講，是否結合語境掌握話語意義，則取決於聽話人自己。合作準則中的態度準則包括認真—— 說話人態度要認真，聽話人態度也要認真。聽話人心不在焉，便無從理解話語意義。掌握語境要素主要是掌握說話人的意圖和他的思想感情。同一句話在同一情境中由不同的人說出來，其含義也往往不一樣，就是由於說話人的意圖及思想感情的不同造成的。

談話中聽話人有時會誤解說話人的意思，誤解的產生有多方面的原因，但聽話人沒有準確掌握說話人的意圖和思想感情往往是一個重要因素。例如：

縣官有一天乘船去拜見新上任的州官，州官見了他，隨便問道：「你的船停在什麼地方？」

「船停在河裡。」縣官答道。

州官大怒，厲聲道：「你還想把船搬到州府衙門口嗎？」

縣官答道：「帶的隨從少，恐怕搬不動。」

州官開始問的是船停的位置，帶有問候語的性質，但縣官並沒有領會到州官的表達意圖，縣官的回答是州官問句的應答語，但州官認為沒有提供資訊量，違背了合作準則中的量的準則，因而產生了隱含意義「連這常識都不懂」，故大怒。州官的第二個問句在該語境中的隱含意義是「你太無禮」或「你太無知」，但縣官沒有結合語境，甚至連對方的語氣、語調都沒注意，再次誤解了州官的意思，終成笑話。誤解是理解不準

確的一種常見的資訊阻滯的典型現象。

準確理解是對聽話人的要求，或者說是聽話人應該努力做到的。但在現實生活中，由於聽話人有自己的思想感情，有關知識與說話人也不盡相同，在對話語的理解過程中必須受到聽話人的主觀因素的影響。因而在聽話人所理解了的意思 E（m3）中或多或少帶有其主觀成分，要做到 E（m3）與 U（m2）完全一致是很困難的。特別是對話語的隱含意義的理解，由於其推導不具有必然性，從話語中能否推出隱含意義，或是推出這一種還是另一種隱含意義，就更受聽話人主觀因素的影響。從這個意義上說，聽話人所理解的意思與說話人實際表達出來的意思一般只具有近似關係，即 E（m3）≌ U（m2）。其近似度取決於說話人與聽話人的關係。通常，他們之間的思想感情越接近，E（m3）與 U（m2）就越一致，反之差距就越大，甚至會完全相反。

B. 理解的種類。

根據對語境的依賴程度，理解可分為譯義和釋義兩種。

譯義指聽話人暫時不考慮或基本不考慮語境因素，只是根據語法結構規則和詞義對話語進行解譯的過程。它可以再現說話人所傳達的命題、命題態度乃至意謂。例如：

S：小劉是會員，小劉是什麼時候入會的？

聽話人根據問詞「什麼」可以得知說話人的命題態度是詢

問，問域為時間。一個句子是表示詢問還是陳述，是說服還是命令等，一般透過句子本身或語氣、語調的變化就可以知道。

在許多場合，人們的理解可以不考慮語境因素，只需掌握話語的字面意義就夠了。例如：對文件、法規、定律的學習，聽主管的報告，同事間想法、工作情況的交流等。這類理解都屬於譯義。正確譯義的關鍵是掌握話語的句法結構，特別是話語較長的時候，理清從句與複句及複句之間的關係，一般都能做到正確譯義。

釋義指聽話人根據語境因素解釋話語意思的過程。它與譯義的主要區別在於，它能動地利用語境的有關因素，透過話語的字面意義，追溯說話人的本意與意圖。對話語的隱含意義的理解就是釋義。

釋義與譯義又是有關聯的，聽話人只有準確理解說話人所傳達的話語的字面意義，才能進而根據語境因素掌握它的言外之意，因為話語的隱含意義具有依附性。因此，可以說釋義是以譯義為前提條件的。例如：

安徒生（Hans Christian Andersen）素來簡樸，常常戴著破舊的帽子在街上散步。

有個商人對他說道：「你腦袋上的那個玩意是什麼？能算是頂帽子嗎？」

安徒生回敬道：「你帽子下面的那個玩意是什麼？能算是個腦袋嗎？」

商人的話語具有隱含意義「你頭上的帽子已破得不像是帽子了」，他的意圖是譏諷安徒生。只有正確理解商人話語的字面意義，才能正確掌握他的意思和意圖，安徒生正是做到了這一點，所以才給予其有力的回擊。

C. 語用推理。

語用推理是關於話語在特定語境中的具體意義的推理。「特定語境」指話語的交際語境，它直接影響話語的具體意義。「話語的具體意義」指交際意義，它可以是話語的字面意義，也可以是話語的隱含意義，它取決於語境和說話者的表達方式。

語用推理在人們的思維活動中大量存在。預測分析、可行性研究等實質上都是語用推理過程。但我們這裡討論的語用推理是就理解而言的，尤其是釋義，聽話人根據語境掌握話語的隱含意義是一種典型的語用推理，所以我們對語用推理作了如上定義。

語用推理由前提和結論兩部分構成。前提主要有兩個：一是話語，一是聽話人的背景知識，包括聽話人的原有知識結構，對合作原則的運用、語境要素的掌握等等。語境要素對語用推理的影響最大，而且複雜多樣，然而它們只有作為聽話人背景知識的一部分後，才能在理解過程中起作用。也就是說，只有作為推理前提的一部分，才能對推理起作用。例如：某一語境要素的存在影響了話語的意義，如果聽話人意識到這一

點，就會把它作為推理的一個參數；而如果沒有意識到，就不會把它作為推理的參數。當然，在這種情況下，這一語用推理不會是正確的。語用推理的結論是聽話人所理解的意思 E（m3）。如果 E（m3）與 U（m2）一致（近似一致），則語用推理有效；如果不一致，則語用推理無效。語用推理的有效性問題是一個尚需作深入研究的課題。

語用推理的過程也是相當複雜的。因為它涉及到的因素多、步驟多，目前尚未給出嚴格的公式。這裡我們介紹一個關於隱含意義推導的一般模式，儘管是說明性的、描述性的，但它有助於我們了解語用推理的一般步驟。

說話人 S 說的話語 U 具有隱含意義 P，當且僅當：

A. S 說了 U。

B. 沒有理由認為 S 不遵守會話準則，或至少遵守合作原則。

C. S 說 U 而又要遵守會話準則或合作原則，那麼 S 必定想表達 P。

D. S 必然知道，如果認為 S 是合作的，必須假設 P，這是談話雙方都知道的（所謂「雙方都知道」，是指 S 知道 P，聽話人 H 知道 P，S 知道 H 知道 P，H 知道 S 知道 H 知道 P……）。

E. S 沒有阻止 H 把 U 理解為 P。

F. 因此，S 意圖讓 H 作 P 的理解，即在說 U 時
含義為 P。

這一推導過程看來頗為複雜，其實還是比較容易理解的。
下面舉例予以說明。

甲：「明天去逛街嗎？」

乙：「我的報告還沒寫完。」

手頭會話準則，或至少遵守合作原則；一個重要方面，它
能夠使談話曲。

乙的話表面看答非所問，違反關係準則，實際上傳達了隱含
意義「我明天不能去逛街」。甲推導出這一隱含意義的過程為：

A. 乙說了「我報告還沒寫完」。

B. 沒有理由認為乙是不合作的。

C. 乙說「我報告還沒寫完」而又要遵守合作原
則，則乙必定想表達「明天不能去逛街」。

D. 乙知道甲知道必須假設「明天不能去逛街」。

E. 乙沒有阻止甲理解為「明天不能去逛街」。

F. 所以，乙說「我的報告還沒寫完」，其隱含意
義是「我明天不能去逛街」。

與形式推理相比，語用推理具有三個顯著特點：一是對語
境的依賴性。形式推理不依賴語境，它的前提是給定的語句，

只要根據推理規則就能得到結論；而語用推理完全依賴語境，談話的時間、地點、聽話人的思想感情等語境因素將直接影響結論的推出。二是結論的非必然性。形式推理的結論是必然的，即如果前提真，推理形式正確，則結論必然為真，因為推理規則已將所有可能導致推理錯誤的因素排除在外。語用推理由於語境因素的複雜性，不可能做到這一點，因而它的結論是非必然的。三是不具有嚴格的形式，形式推理具有嚴格的符號形式，可以建立合理系統。語用推理由於以上兩點決定不可能完全形式化，更不可能建立合理系統。

角色扮演和角色期待

　　炎熱的夏天，你騎著自行車穿過一個十字路口。猛一抬頭，只見路中間站著的交通警察，制服領口半敞不整齊。在第一眼看到的那一剎那，你的心裡也許會閃過一絲同情：「是啊，天氣太熱了。」但是，路口還未穿過去，你也許就會又閃過一個想法：「值勤怎麼可以這副打扮，不像話……」

　　你排隊買票，好不容易排到了窗口前，忙說：「請買一張到……」話未說完，就被卡住了，因為你看見那位售票員小姐早已背過身去，和另一位在她身後的小姐討論事情。於是，你等了一會兒，終於說出了要求，或許接著還得再說一遍，那位小姐才轉過身來，沒好氣地說：「急什麼急，要買什麼

票？」也許你的心裡立刻又會湧起一個想法：「這是什麼工作態度……」

你被通知去主管辦公室談話，當你推門而入時，只見對方身著汗衫、短褲，雙腿盤在椅上，一副傍晚時在家中納涼的模樣。更有甚者，他可能還一邊用手摳腳，一邊說道：「請坐，請坐。」此時，即使你是非常有涵養的人，心中恐怕也會湧起一絲不快：「這辦公室像什麼樣了……」

生活中，此類不像樣子的情況，難以一一列舉。有的人碰到這類情況，心中當時產生的那麼一點不快，一閃也許就過去了。畢竟，並不是所有的人都能去注意，去了解這類情況：這些是不對，他們錯在沒有能「扮演好」自己的職業「角色」，也未能實現行人、購票乘客、下屬等人對其所寄予的角色期待。

生活實踐告訴我們，社會就像一個大舞臺，每個人都是這舞臺上的來去匆匆的「演員」，也都在這舞臺上扮演一定的角色。角色一詞在這裡，和用於戲劇、電影、電視中的「角色」一詞相比，內涵有所區別。在生活中，角色一詞是指一個人在人際社交中所應保持的身分、地位。由於在生活中，每個人都是在多維的、多層次的關係網裡生活，所以，在不同的時間、地點和交談對象面前，扮演著不同的角色。僅以一個十幾歲的少年為例，在父母面前，他是兒子（女兒）；在爺爺、奶奶面前，他是孫子（孫女兒）；在老師面前，他是學生；在同學

面前，他是一名學生（班級幹部、朋友）；在比他小的孩子面前，他又是哥哥（姐姐）；在比他大的孩子面前，他又成了弟弟（妹妹）。這些不同的角色分別對他提出了不同的要求，如果在長輩面前，他應該懂規矩，聽話，但也可以撒嬌，甚至哭鬧；在老師和同學面前，他就應該按「學生守則」的要求規範自己；在小孩子面前，他又應該幫助和照顧對方。同理，當你以一個具體的「角色」身分出現在生活中的某一場合時，別人就會對你抱有熱切的角色期待，期望你按照角色規範的要求行事，運用適合角色身分的語言。否則，就難免要鬧出笑話。譬如：上面一例中所說的那個十幾歲的小孩子，他可以在家裡對爸爸、媽媽、爺爺、奶奶大聲喊：「我要吃巧克力，我一定要吃巧克力！」同樣一句話，你讓他到學校裡對班導，對任課老師說，看他肯不肯？

對於「角色扮演和角色期待」這一問題，瑞士心理學家榮格（Carl Gustav Jung）曾加以深入的研究和專門的解釋，並提出了「人格面具」的理論。

在榮格心理學的理論中，人格面具原型所起的作用與演員戴用的面具作用是相似的。它使得一個人能夠去扮演並不一定是他本人的角色。換句話說就是，一個人能夠按照某一社會環境的要求壓抑和改變自己的某些在這種社會環境中不受歡迎的特點和習慣。它是人在公共場所所展現的面具或者外觀，其意在於呈現與己有利的形象，這樣，社會就會對他表示歡迎，就

會接受他。榮格認為，為了生存，人格面具是必不可少的，人格面具能夠使我們與他人和睦相處，使人獲益，使人取得成功。譬如一個剛進入職場的青年，初次上班，必然非常注意自己的儀容修飾、以及言談舉止，並且很注意與主管、同事之間的關係。當然，更重要的是必須做好本職工作，要表現出勤奮踏實，孜孜不倦，富有責任感。儘管有時這種勤奮踏實、孜孜不倦並非出自自願。這些，就是這位青年的人格面具的一部分，這部分面具戴得成功，他在自己工作部門就很容易打開局面，否則，他就會難免成為一個不受歡迎的人。

榮格理論還指出，人格面具的另一優勢在於，它所帶來的物質獎勵可被用於一種更令人愜意、可能是更為自由自在的、更少受人打擾的生活。一個站了一天櫃臺的店員，一下班，他就可以逛街、看電影、談戀愛、吃美食，這時，他就可以摘下店員的面具，可以不再按店員的職業標準規範自己的言行而隨心所欲。奧地利作家卡夫卡（Franz Kafka），白天是一家保險公司的職員，晚上才能從事寫作。生前，他不止一次談到，他討厭自己的保險公司職員工作。但是，卡夫卡對工作勤奮踏實，認真負責，他的主管始終不知道他對工作竟會感到厭惡。而對卡夫卡本人來說，他也只有在白天戴好自己的「職員」的人格面具，才能保證他在晚上過上自己痴迷的寫作生活。

榮格在研究中發現，人格面具既可以使人獲益，也可以有害於人。假如一個人太傾心於自己所扮演的角色，他的人格的

其他構成部分就會被推置一旁，棄之不顧。這種被人格面具主宰的人就會迷失自己的本性。這種情況在生活中也是很多的。俄國小說家契訶夫（Anton Palovich Chekhov）在《普里什別葉夫中士》（*Sergeant Prishibeyev*）裡寫到警察普里什別葉夫，他一生從事追蹤、盯稍，退休回到老家，仍是職業習慣難改，口袋裡成天帶著紙和筆，記錄鄰居們的「黑資料」，終於激起公憤，被訴之法庭。當他被判以刑役，被押出法庭時，看到門口聚著一群為他被判刑役而高興，在那裡等著看熱鬧的村民，他立刻條件反射地，如警務在身一般地大吼一聲：「散開，回家去！不准成群結隊！」在普里什別葉夫中士身上，看來除非他是死去，否則祕密警察的「人格面具」是難以摘下來的了。而他，就是太傾心於自己的職務角色，結果大受「人格面具」之害的一個典型。

　　榮格理論的提出，並非作者看破紅塵後的頹廢之言，而是力圖解釋人生、指導人生的一種努力，是一種推動人們更自覺地、更認真地對待自己的人生的一種努力。榮格理論對於我們如何進行各種行業和日常交談，也有著明確的指導意義。

　　人格面具理論，首先要求每一個人，在生活中要戴好自己的人格面具。譬如：你是一校之長，可是不幸，昨天晚上家中失竊，財產損失較大，心情沉重是不言而喻的。但一跨進校門，人格面具要求你把心中的不愉快壓抑下去，以飽滿的精神，樂觀的情緒來「扮演」好「校長」的領導角色，並且不

宜在與教師、學生的交談中使人察覺自己心情沉重。再譬如：你是銷售員，可是你自己買了瑕疵的電視機（或自行車、洗衣機），心中的惱火是不言而喻的。但是，如果在營業交談中，把心頭的火氣發在了並不知道你心情的顧客頭上，這個「人格面具」你就又沒有戴好，同時，也就沒有滿足顧客的角色期待。

遵照人格面具理論，每一個人在談話時，還要掌握好自己戴人格面具的分寸。該戴的時候必須戴，不該戴的時候要及時卸下來。如：有的教師，唯恐自己在學生面前失去威信，不僅在上課時，批評學生錯誤時表情嚴肅，連下了課也是一臉、一身的嚴肅，課外活動見了學生也是不苟言笑，這個「人格面具」就未免戴得太「緊」了一點。再譬如：司法部門是國家的一個重要單位，其嚴肅性是不言而喻的，但是，有的司法工作人員在接待群眾來訪時，也是一開口就如審犯人一般：「做什麼的？來做什麼？」這就又太過度了一點。群眾來訪者中，犯罪分子畢竟只占有一個極低的比例，另外的絕大部分都是人民、官員，有的還可能是某一部門的責任官員，以審犯人的態度對待來訪者無疑是不正確的。而其根源又在於「人格面具」戴得太緊了一點。

在家庭生活中，有些父母在子女面前，嚴肅有餘而融洽不足，唯恐失去尊嚴，這裡也有個人格面具的分寸問題。在戴好人格面具這一點上，馬克思（Karl Marx）堪稱一個成功的典

範。他在反動勢力在歐洲取得暫時勝利的情況下，為無產階級和無產階級的鬥爭學說而勤奮工作。政治上的巨大壓力（他曾一次又一次地受到審判，還曾不止一次被驅逐出境），經濟上的沉重負擔（他長年過著清貧的生活，甚至曾因付不出房租而被房東封了門），卻始終不曾影響他與孩子們的融洽關係，曾有一次在郊遊中，馬克思全力投入了孩子們的投石子遊戲，結果右臂有一個星期痛得不能動。馬克思在生活中，並沒有因此而在孩子們面前失去威信，恰恰相反，對孩子們來說，他不僅是一個父親，更是一個可信賴的、有威信的顧問和朋友。

正如榮格理論所指出的，每個人實際上都有著多種人格面具。

在日常交談過程中，榮格的人格面具學說堪稱補助性很強的心理學科指導原則之一，它不僅有助於實現交談中的角色扮演和角色期待，有助於在各種交談中獲得成功，還有助於推動工作的順利進行。

談話的重要意義

談話在人們的工作中占有重要的地位，是一門科學性與藝術性很強的工作。為此，人們能否正確、合理、充分地運用這一工作形式，能否掌握這門談話技能與技巧，對於是否有效管理其是至關重要的。

談話是人們口頭形式的資訊溝通

　　大量的資訊是用口頭表達的。有一項調查結果顯示，對調查作答的人中有 70% 的人表示他們的上級在分派任務時有 75% 是用口頭進行的。口頭形式的資訊溝通可以在兩個人會見時面對面地進行，也可以是上司對下屬講話，它可以是正式的，也可以是非正式的，可以是預先計畫好的，也可以是即席的。

　　口頭形式的資訊溝通的優點是：可以迅速交流，及時取得反饋資訊，可以提問，可以澄清疑點，在面對面的交流中可以注意到感情因素。此外，下屬和上級會談可以使他們自覺地位重要。顯然，無論是沒計劃好的，還是事先計劃好的談話，對於了解問題都是大有益處的。

談話是人們之間的感情交流

　　由於談話是一種人與人之間的接觸，一種交往形式，因而必然會帶上人所特有的情感色彩。我們都有這樣的體會，有的人在和你談話時，彷彿有一種力量促使你願意把你所知道的一切向他人講述。而有的人忽略了感情因素的存在，每當有人找他交談什麼時，他總是心不在焉地聽著，手在忙著別的什麼事，在你講完話後，他卻又問：「你剛才說的什麼？」由於注意力分散，對他人的談話又表示出漫不經心的樣子，因而使對方在心理產生自尊心受到損傷的感覺。由於人的感情是以共鳴

的原則做出反應的，你對我不錯，我對你也好，你尊重我，我
比誰都尊重你。對方在談話中自尊感的精神需求得不到滿足，
在情緒上很快會反映出來，最終導致不願把心裡話告訴自己。
嚴重者，則產生了一種排斥力與心理距離。

二、駕輕就熟，掌握方向

累積有趣的話題

人類的語言具有不可思議的作用：使人明瞭、使人感動、使人快樂並促使自己立即展開行動；語言是人際關係的鎖鏈，能使你變得美麗，也能使你變得醜陋；學習語言辭彙也就是學習生活方式。

有人說：「講話的目的在於傳達知、情、意。」

知，指清楚分辨正誤的智慧。知的傳達可使我們所了解的事情引起對方的共鳴，如說明、報告、提供與傳達知識等。

情，指充滿愛、感謝、體貼之心。把自己心中想法傳達出來，使人獲得快樂，使人感動，如喜、怒、哀、樂、怨等感情的傳達。

意，指行動勇氣與意志力。將自己內心的意志、決心、意圖、命令、忠告等傳達給對方使之展開行動。

一般的聊天，可以隨想隨說，沒有主題。而交涉則不然，要有恰當、有趣的話題，最好事先做充分準備，以達預期的效果。

為了能夠提供對方感興趣的、共同的、歡樂的話題，必須留意自己日常生活中的種種事情，善於隨時收集話題並加以整理歸納備用。

根據人類心理顯示，大多數人最感興趣的莫過於說話者本身所遇到的挫折、希望與成功三因素的經驗、體會。其感興趣的原因為：

> 能夠滿足某種個人慾望。

> 能夠刺激好奇心。

> 與自己有利害關係。

> 可滿足優越感。

> 可供娛樂。

> 以供借鑑，激勵自己。

　　但感興趣的話題並非全是生動的。生動與否在於事情本身（話題），也在於說話人的表達能力。

　　為了擁有更多的知識、更多的話題，寫備忘錄是一最佳方法。它可幫你留住有趣的往事、美好的記憶；也可幫你增長見識、開闊眼界。通常的備忘錄一是記事、記觀點，無論是自己的經歷，還是別人的；一是記「靈感」，即偶然浮現於腦中的一閃念、創意等。寫備忘錄應注意：

> 切勿依賴記憶，應依賴記錄。無論你所想、所見到的如何感人，若不立即記錄下來，24 小時後就會忘掉 25%；48 小時後你腦中僅留有 50% 了。

> 應養成隨時記錄的習慣。

> 記錄內容質勝於量，力求簡單扼要。

> 要養成多見、多聽的意願，並加強觀察力。

> 隨時隨地都可能出現靈感和啟示，必須立刻加以捕捉。

> 專有名詞、數字、場所、日期均應正確無誤。

寫備忘錄是為了累積有趣的話題，收集話題又是為了有效地對話、交涉，交涉要靠語言表達。

引發話題，打破冷場

　　簡短的寒暄後，適時地引入話題是轉入交談和深入交談的基礎。引發話題一般從中性話題開始，不論談什麼，最好從面臨的具體事物談起，要說有興趣的話題，盡量具體一些、細緻一些。引入的話題既要考慮自己一方面的情況，又要設身處地地為對方著想，力求擴大開放區。開放區是指願意向別人公開的一面，如戶籍、家庭、職業、愛好等等，還有與業務或交談內容有關的諸如業務範圍、經營區域、產品種類等等。同時對於對方不願公開的一面，如個人習慣、婚姻狀況、收入情況和涉及對方人際關係的人和事以及對方在經營活動中失敗的事例等封閉區域要盡量迴避。由於每個人的開放區域和封閉區域不盡相同，所以在交談前對對方有關背景材料要有所了解。使交談能夠在輕鬆愉快的氣氛中進行。

避免不愉快的話題

問別人問題時，是有禁忌的。

避免問別人為什麼做某事

一般人通常也不知道自己為什麼會這麼做，即使知道，也不見得會承認。因此，類似的問題，會使他們感到不安而且有排斥的意念，如：

「你為什麼這麼做？」

「你為什麼和這種人做生意？」

「你為什麼會說這些事情呢？」

「你為什麼每天早餐都吃一樣的東西呢？」

「你為什麼騎那輛車呢？」

避免圈套式的問題

如：

「如果我告訴你一些賺錢的方法，你有興趣嗎？」

「你希望減肥，對不對？」

「你對你的家人有責任感和關心吧？」

「你對那些不懂得體貼人的人有什麼看法？」

不要以問題來迫使別人同意

這種問法有一點理所當然及迫使人默許的意思。如：

「你難道不認為我所說的是正確的嗎？」

「你難道不同意，如果買了我的那輛自行車，對你很有用嗎？」

「你難道不知道，注意安全是為你自己好？」

如果你的問題能夠改成：「你覺得怎麼樣？你同意不同意？」就對了，這樣的問題讓別人有表達不同意見的機會。

避免個人隱私或攻擊性的問題

如：

「你多重？」

「你幾歲？」

「一個月賺多少錢？」

「你為什麼不結婚？」

「你們兩個吵得很厲害嗎？」

「你的丈夫有外遇嗎？」

避免空泛式的問題

如：

「你最喜歡這本字典中的哪一部分？」

「你覺得現在的世界局勢怎麼樣？」

「你讀過很多書，都是關於哪一方面的？」

「你最相信哪些哲理？」

如果你希望和別人的談話能夠繼續下去，就必須提出明確一點的話題。不妨以一些「閒聊」的問題，來打開話匣子。

你的問題必須平實不尖銳，讓別人覺得很舒服，沒有壓力。使你和別人的關係自然地建立起來，小心的選擇沒有攻擊性的問題。

你不妨從一些容易回答的問題開始著手。最好不要問是或不是的問題。要問一些讓別人能夠繼續說話的問題。下面的問題，既簡單又能打開別人的話匣。

「你喜歡藍色嗎？」

「你的公司有多少員工？」

「你的早餐都吃些什麼？」

「你的孩子幾歲了？」

「你在這個工廠工作多久了？」

「你喜歡看電視嗎？」

這些問題可以使話題一直繼續下去，因為這些問題都非常明確又有趣，而且也是你和陌生人談話時，彼此認識的必然問題的一部分。這個陌生人可能是你將來結婚的對象，也可能是你的同事。

你所提出的問題，最好是別人都很喜歡回答的。因為每個人都喜歡表達意見，而不喜歡讓別人知道隱私；都不介意告訴

別人他們在做什麼，而不喜歡透露做這件事的原因。

如果你覺得有些問題必須問時，最好先解釋提這些問題的原因，這樣可以減少別人的懷疑和反抗心理。

「下星期我們開會討論有關停車場修建的問題，你有什麼意見？」

「你爸和我今天下午要去參加家長會，是關於升學報志願的事，你和你的同學們有些什麼想法嗎？」

有時你也可以問一些刺激別人思考的問題。他們即使沒有回答你，也沒有什麼關係。

避免交談「卡彈」

在交談實踐中，不少人有這樣的經歷：引出某個話題後，自己剛講幾句便感到沒什麼可說的了，或者剛兩三個回合雙方都同時覺得沒詞了。從交談藝術的角度看，這種「卡彈」現象就是由於交談話題展不開引起的。

為什麼會出現交談話題展不開的情況？究其原因，不外乎以下幾個方面：第一，參與意識不強烈。第二，交談話題不理想。好話題的標準是：至少有一方熟悉，能談；大夥兒感興趣，愛談；交談有所得，有益。如果話題不符合參加者的興趣、愛好、心理以及當時的心情，或過於艱深，超出了大家的知識範圍；或容易惹是生非，製造矛盾；或涉及參與者個人的

隱私；或無聊，低級下流，一般來講都會破壞交談的興致，甚至根本談不下去。第三，不了解展開方法。話題的展開不可能有固定不變的模式，但從交談實踐來看，行之有效的帶有規律性的方法和技巧還是客觀存在的。對這些方法和技巧毫無了解，勢必會影響交談話題的進一步展開。

只有情況明瞭，才能方法準確。從上述分析不難看出，要使話題談得下去，而且談得有意義，參加交談者首先得端正態度，即交談者一定要有強烈的參與意識和大力合作的精神，要善於調控自身情緒和抑制孤傲、猜忌、不屑一顧等不健康心理。其次，交談者平時要不斷加強自身的知識修養，交談時要盡可能選擇大家喜歡談而且能夠談的話題。此外，在現實的交談活動中，交談者則要特別講究展開話題的方式和方法。

激勵法

這有兩種情況：一是當對方言之有理、談鋒正健、有利於深化交談主題時，就要鼓勵對方把話繼續說下去，從而使對方做更詳盡更明確更清楚的闡述。其具體方法有：

➢ 要求對方補充說明。

➢ 提問。

➢ 適時插話，或簡述你過去的類似經驗以印證說話者的觀點；或直接表達你對說話者觀點的理解、贊同。

➢ 注意變換答語，別老是「是」、「說得對」。

> 保持目光接觸，利用積極的臉部表情和身體反應。二是如果對方向來沉默寡言，或因故緘口不語，就要採取積極的言語技巧給予讚揚和鼓勵，以刺激其交談興趣，如：「小王在這個問題上很有研究，我們多聽聽他的意見。」

誘導法

這也有兩種具體的方法：一是抓住對方的說話內容，順水推舟，給予適當的引導，以便交談深入進行；另外一種是，如果一時出現冷場或深談不下去，也可以直接提出有關話題的某方面的問題，引出大家的交談興趣，比如說：「事出有因。產生這種情況的原因究竟是什麼呢？」

補充法

在交談過程中，如果發現對方的談話有不夠全面、不夠深刻之處，可以把握機會予以巧妙的補充，從而促使交談話題得到全面而深刻的展開。此方法在交談實踐中是經常被使用的。要引起特別注意的是，千萬不要為顯示自己的地位顯要和見解高明，沒有什麼補充也要「補充」一通。

舉例法

不少人都有這樣的感受：同一個話題，別人講起來頭頭是道，實實在在，而由自己來講總是乾巴巴的，幾句話一出便無

話可說。顯然，善不善於運用舉例法是一個很重要的原因。其實，說話和做文章一樣，都需要借助具體材料來說明和展開論點。在交談中，為了支持自己的見解，列舉一些事例，可以造成說明和論證的作用，同時也有助於整個交談話題的展開。為了表示贊同對方的論點，舉例可使對方感到交談得很投機，有利於拓展話題。就是列舉反對或否定對方論點的事例，也可引起對方的思考，進而也有益於對交談話題的深入討論。

沒話找話說的祕訣

　　一般來說，「沒話找話說」是討人嫌的，那種不論場合、不分情況的東拉西扯，勢必令人不愉快。而在特定環境中，「沒話找話說」，又確實能增進交往，融洽氣氛。

> **以寒暄引路**：在交際中寒暄能使兩個生人由「閒聊」轉為正式的交談，寒暄內容不限，但與交往的環境和對象的特點相吻合。

> **請「第三者」插話**：談話中可提及對方和您都熟悉的人，彼此有話可談，也覺得備加親切，對方把您當朋友，談話內容自然增多。

> **找熱門話題**：一般情況下，熱門話題絕大多數人會感興趣，不管說得深淺對方都能插入。跟陌生人相遇，盡量找大家都關心的時事話題，並根據不同對象談不同內容。

> **可觸景生情**：與陌生人交談，如果總離不開問公司、身世、結婚等，會讓人認為你在查戶口，而且容易出現冷場，要能善於睹物生情，看到什麼談什麼，這樣既顯靈活又增進友誼，但要想說的得體，還應注意：

- **掌握興趣原則**：對方不感興趣的話題盡量不談，自己不感興趣的話題應及時暗示。一是順水推舟，把話轉移；二是移花接木，對某個細節具體談論，這樣能激發對方的熱情。

- **注意相似因素**：找相似話題便於交談。如果從外地碰到同鄉會感到親切，碰到同年的人有話可說，如果碰到與自己年齡差距大的人，應找與對方年齡適宜的話題，遇到什麼人講什麼話，切勿步入「話不投機半句多」的局面。

- **要誠懇坦率**：與人初次相識，「開場白」中的自我介紹既不能自我貶低，同時也不要炫耀自己，要實事求是，大方得體。在激發對方交談慾望時，應躲避別人不願談的話題，不能打聽對方隱私，否則難以有共同語言可交流。

三、創造氣氛，輕鬆自如

創造和諧的談話氣氛

➢ **要注意一個「暄」字**：雙方一見面，先適當寒暄一陣子是十分必要的。如果是熟悉的朋友和同學，交談時可以先說說分別後的一些情況，然後再轉入到「正題」；如果是初次見面，則一定要各自先作一下簡要的介紹，待氣氛融洽後，再「言歸正傳」。如若一見面就單刀直入，往往使對方感到突兀，一開始就影響了談話氣氛。

➢ **要注重一個「誠」字**：真誠是人與人之間交流的「法寶」。開誠相見、坦率談論的態度，能使雙方備感親切、自然，易於接受各自的觀點和看法。如果虛情假意、陽奉陰違，就會造成「話不投機半句多」的尷尬局面。所以，交談中一定要注意不要裝腔作勢、言不由衷，更不要在對方面前吹噓自己或玩弄是非，這些都是創造和諧談話氣氛的有害因素。

➢ **要注重一個「神」字交談期間，雙方應相互正視，相互傾聽，神情專注**：不要東張西望，左顧右盼，更不要看書閱報，或者面帶倦容，哈欠連天；也不要做一些不必要的小動作，如弄衣角、抓頭皮、摳指甲等，這些動作都顯得輕率，也不禮貌。

➢ **要注重一個「精」字**：有些人為人靦腆，總怕和生疏的人會面時無言相對，實際上這是不必要的擔心。因為在社

交場合，大多數影響談話氣氛的不是出於那些講話太少的人，而是出於那些講話太多的人。即使自己不能談笑風生，只要做到有問必答，回答問題合情合理就可以了。當然，交談中注重語言的精練準確，並不是說總是拚命想著自己下一句要說什麼，過多的咬文嚼字，不但不能聽清對方在說什麼，也會失去自己控制談話的能力，顯得緊張和語塞，出現相反的談話效果。

➤ **要注重一個「聽」字**：善於傾聽，是創造和諧的談話氣氛和取得交談成功的一個要訣。比如：當別人闡發自己的意見時，作為對方要與說話人交流目光，適當地點頭或做一些手勢，表示自己在注意傾聽，不時地表示「哦」、「嗯」、「太好了」之類的語氣詞，以引起對方繼續談話的興致。也可以透過一些簡短的插話和提問，暗示對方自己確實對他的話感興趣，以引出自己要說的話題。當然，如果自己對對方的話不感興趣，且十分厭煩，那就應該設法巧妙地轉變話題，但不要粗魯地說：「唉，這好無聊，換個話題吧！」以免使談話尷尬。

➤ **要注重一個「禮」字**：很多人在交談中有一些不好的習慣，如：喋喋不休、尖酸刻薄、一言不發、漫不經心等。殊不知，交談的雙方各自代表一個人的身分、修養和所受的教育程度。各種職業、各個階層的人各有其說話的特色和格調，但就禮儀的角度而言，至少粗魯、骯髒的詞語以

及不文明的舉止應避免，盡可能地克服一些不良習慣。

總之，以上所述的「暄」、「誠」、「神」、「精」、「聽」、「禮」，是創造和諧談話氣氛的要訣，只要留心自己的講話，並注意對方的反應，交談一定會成功的。

尋找交談的共同點

與人交談遇到的第一道關卡便是談什麼，即選擇什麼話題。

有人從聳人聽聞的怪誕消息開始，想以此激起對方的好奇心；有人從透露某人的隱私開始，以期使對方興趣盎然；有人從引用富有哲理的名言開始，以為這樣方能引起對方的重視……但事實證明上述做法並不理想。怪誕的奇聞可能給對方一種滿足，引起他對你的注意，但這類奇聞畢竟極少，不可能總以此為話題，而且也並不是所有的人都對此感興趣。有些人一聽你講這些東西，就覺得你是在自我炫耀，淺薄得很。嘴上不說，心裡早就對你嗤之以鼻了。至於透露別人的隱私，這更是一種不道德的行為，稍有修養的交談對象馬上會對你敬而遠之了。

話題的選擇不能一廂情願，因為交談是雙方的，不能只是沿著自己的思路講下去，還要設身處地為對方想一想，看對方對什麼話題感興趣。因此，在交談開始時你要想方設法誘導對

方說話，從而探出對方的興趣所在。有了共同的興趣，談話當然就能順暢地繼續下去了。

如何探出對方的興趣呢？這需要從當時具體環境中去覓取話題。或談服裝、飲料，或談電影、電視，或談國際新聞，或談足球比賽，或談房間陳設，或談子女愛好……當發現對方對你所談的內容顯出冷漠的表情時，你就要立即改換話題，再做試探。

另外還需提及的是，即使是對方感興趣的話題，也不能無盡無休地談下去，同一內容談多了，必然令人厭倦。要善於掌握交談的火候，及時地轉移話題，使對方始終保持濃厚的興趣。

每個人都時時渴望得到別人的尊重，這是與人交談不可忽視的一個重要原則。有些人不懂得這一點，與人交談的語氣傲慢無理，擺出一副居高臨下的架勢，對方一聽就覺得受了汙辱。例如：你是某廠廠長，你發現兩個工人在懸掛著「嚴禁吸菸」的牌子旁邊吸菸，你就狠狠地指責他們說：「難道你們都是文盲？你們沒有看到這塊牌子嗎？」試問，這兩個工人受了廠長這樣的斥責之後，心裡會痛快嗎？即使對方迫於環境或地位的限制，不予以回擊，也會對你耿耿於懷。

交談的語氣除了要表現出平等謙恭、尊重對方以外，還要表現出意懇情真的熱情。白居易說「動人心者莫先於情，」唯有熾熱的感情，才會使「快者掀髯，憤者扼腕，悲者掩泣，羨

者色飛。」與人交談，倘若你自身對所談的內容缺乏熱情，語氣顯得冷漠，無動於衷，你又怎能感染對方，激起對方心靈的共振呢？還有些人與人交談時，「話到嘴邊留三分，未敢全拋一片心」，用堂而皇之的言辭掩飾自己的真情，但卻要求對方袒露情懷，敞開心扉，這當然是辦不到的。因為只有以心才能換心，只有用真情才能換真情。

有些人與人交談也與一位馬拉松演講者一樣，東拉西扯，嘮嘮叨叨。他自以為所講的都是最重要、最精彩、最有趣的，其實人家早已厭倦不堪，只是礙於面子或迫於形勢才沒有打斷交談罷了。

與人交談的語言，一要簡潔明晰，切忌漫無邊際，雜亂無章；二要通俗平易，切忌雕琢做作；三要形象生動，切忌枯燥乏味。

巧妙提問，化解僵局

交際的基本形式是提問和回答，而提問在交際活動中則占主導地位。它往往是交際的起點，無論是記者採訪、醫生問診、教師講課、市場交易，還是夫婦交談、日常閒聊……要想獲得成功，首先必須善於提問。

提問的交際職能有三：第一，提問是解除疑點，獲取資訊的「金鑰匙」，掌握了這把「金鑰匙」，就可以開啟對方的心

靈之門。第二，提問能夠啟發對方思維，激發對方的興奮點，控制交談進程的方向。第三，智巧的提問還可以打破交談的僵局，使交談活動得以順暢地進行。

巧妙提問的原則

問話也是一門藝術。愚蠢的提問，只會使對方感到失望和為難。不合適的提問必然使雙方話不投機，自己也會陷入尷尬的窘境。只有精妙的提問才能使你獲取所需的資訊和知識，促進彼此之間的了解與交流。提問者除了應有謙虛禮貌的態度外，還須遵循以下原則：

■ 提問要看對象

提問應因人而異，即從對方的年齡、身分、職業、性格以及不同的民族文化背景出發，選擇不同的提問方式與技巧。如對幾歲的小孩用文言詞語發問，無異於「對牛彈琴」。反之，對高齡老人，就不宜問：「你幾歲了？」而應問：「您高齡？」、「您高壽？」其次，不同的民族文化背景有著不同的提問寒暄方式。以臺灣來說，朋友、同事、鄰居見了面習慣的提問是：「吃飽了嗎？」、「最近好嗎？要去哪裡？」對方聽了會感到親切友好。但是同樣的問題，對英、美等外國人來說，他們就會引起誤解或生產不快。問他吃過沒有，他會誤以為你要請他吃飯，問他去哪裡，他則可能認為你在干預他的私事。因為西方人具

有強烈的個人保密意識，若是你想用問人家私事（包括年齡、收入、動向等）的方式來敲擊交談之門，就難免要碰釘子。

■ 問題要明確具體

提問必須抓住要害，問得明確、具體，方能啟發對方的思路，獲得滿意的答案。問題提得如此明確具體而又尖銳，說明提問者具有一定的敏銳觀察力，雖話語親切綿軟，卻綿裡藏針，簡直使人無法迴避。且這種敏感的話題直接提出來，必定要引起答問者的警惕。因此，要想把問題提得明確而具體，就要善於從大處著眼，小處設問，化抽象為具體，方能奏效。

■ 問題要具誘發力

日本心理學家多湖輝曾說過，要使對方樂於答話，莫如挑他的擅長來說。提問者應善於迎合對方的心理，所提問應能激發對方的回答慾望。尤其在與陌生人打交道時更應遵循這條原則。

身居異鄉的人最愛和別人談自己日夜思念的故鄉了，提問者正是根據對方這一心理選好了問題的「興奮點」，從而使對方一下子打開了話匣子，將公司的「內部新聞」，甚至將各種祕密毫無保留地倒了出來。在提問時，應根據人們不同的心理狀態、文化素養、愛好特長去細心體察、判斷，才能選準開啟對方心靈之鎖的鑰匙。

提問的語言技巧

問什麼，怎麼問，會不會問，都是大有學問的。當你張口發問時，首先不要忘記對方的特徵，其次就根據你提問的目的及所問事物的性質，去選用巧妙的提問方式。一般應注意：

■ 瞄準契機

提問不但要因人而異，而且要因時制宜，因地制宜，善於掌握對方的心理傾向，瞄準發問的契機。

美國推銷員帕特為了推銷一套空調設備與某公司已周旋了好幾個月，但對方仍遲不作決定。當時正值春夏之交，在董事會上，帕特面對著對他的推銷毫無興趣的董事們心急如焚，全身冒汗。誰知他「熱」中生智，瞄準這一契機，向在場的董事們發出了一個祈使問句：「今天天氣很熱，請允許我脫去外套，好嗎？」說罷，他邊脫衣服邊掏出手帕不停地擦著額頭的汗珠。這一言行神奇般地產生了「感應效應」── 董事們一個個頓覺悶熱難忍，紛紛脫去了外套，並一個接一個地掏出了手帕……自然而然地都認真考慮起購置冷氣的問題來。

帕特在此抓住時令與環境的特點巧妙設問，趁對方心理上無防之時，擊其要害，一「問」中的，終於化被動為主動，做成了交易。

■ **用詞貼切，摳準字眼方能取得最佳的交際效果。**

　　某售貨員與前來的顧客打招呼，開始這樣提問：「您需要什麼？」不禮貌的顧客則回答：「我要的東西很多啊，你有賣嗎？」售貨員如鯁在喉。後來改問：「那您想買什麼？」顧客則笑答：「不能看看嗎？」售貨員啼笑皆非。後又改問：「您想看點什麼？」終於獲得了顧客的理解與融洽。

　　比較以上三個問句，由於選用了不同的動詞謂語也就產生了不同的交際效果：第一句中的，「要」表義含混且兼有乞討味；第二句中的「買」將售貨員與顧客置於買賣關係之中，並會有迫人購物之嫌；第三句的「看」則表達了對顧客的尊重並暗示了顧客有自由選擇商品的權利，即使不買，也不覺得尷尬。

■ **選擇句式**

　　問句按句式的結構劃分，可分為懸問、機問、提問等不同類型。問題時，應根據不同的內容需要，恰當地加以選擇。

　　有家咖啡店賣的可可裡面可以加雞蛋。售貨員原來這樣問顧客：「要加雞蛋嗎？」後在一位人際關係專家的建議下改是非問為選擇問：「要加一個雞蛋，還是兩個雞蛋？」從此，銷售額大增。

　　又如，你到一家餐館去用餐，點菜時你如果問：「這魚新鮮嗎？」通常情況下，店家出於營利的需要，即使魚不新鮮，他也會肯定的回答，所以你等於是白問了。而如果換一種問

式，將是非問改成特指問：「今天有什麼好菜嗎？」老闆為了讓本店樹立招牌、增加聲譽，他必然會將該店裡獨具特色的拿手好菜介紹給你。顯然，特指問句幫你達到了目的。

■ 巧換語序

提問時，根據情況來巧妙地改變、調整詞語的順序，可以獲得滿意的效果。過去有兩名菸癮很重的教士，其中一名問他的牧師：「我在祈禱時可以抽菸嗎？」這個請求遭到了牧師的苛責。另一名教士也向牧師提出了同樣的請求，只是變換了一個詞語的順序：「我在抽菸的時候，可以祈禱嗎？」牧師莞爾一笑，竟然應允了他的請求。第二個教士的機智表現在他將原問句的狀語與謂語的中心詞調換了位置，用以表現自己時時刻刻都在為上帝祈禱的忠誠，因而取得了成功。

■ 講究類型提問就其方式方法和要達到的目的來看，大體可以分為以下幾種類型：

> **正面直問**：開門見山，直接提出你想了解的問題。它是以求知和解疑為目的的。學生在學習中遇到疑難向老師提出質疑，就屬這種類型。

> **迂迴側問**：有個旅館的服務員撿到一支名錶，拒絕交給公司，她認為這樣做並不「犯法」。這時有個管理人員問她：「請你弄清一個概念，什麼是『不勞而獲』呢？」服務員回答：「當然是指不經過勞動而占有勞動成果了。」

管理人員，接著問：「那麼，撿到別人的東西據為己有，是不是『不勞而獲』呢？」服務員無言以對。管理人員接著教育他的下屬，除了可能犯了侵占遺失物，同時違反了社會道德，而作為一個服務人員，是不應違反社會道德的。管理人員透過旁敲側擊而迂迴入正題，繼而正面說理，恰到好處地教育了犯錯誤的服務員。

➤ **兩面提問**：在提問時，既問主要的，也問次要的；既問好的，也問壞的。這種提問一般用於記者採訪或調查研究。它是了解人的全貌和事物發展的全過程所必須的一種提問方式，可以幫助我們克服思想方法的主觀片面性。

➤ **假言設問**：即站在對方立場，提出一些假設，啟發對方思考，幫助回憶，誘出答案。

➤ **步步追問**：即隨著對方談話的思路，一個問題接一個問題地緊追下去，步步深入，引向對自己有利的軌跡，以擊中問題的要害。當然，應該注意不要將其變成「逼問」，以免引起對方反感。

如孟子在批評齊宣王不會治國時有以下一段回答：

問：假若您有一個朋友，把妻子兒女託付給別人照顧，自己到楚國去了。等他回來時，他的妻子兒女卻在挨餓受凍。對這樣的朋友該怎麼辦？

答：和他絕交。

問：假若掌管刑罰的長官不能管理他的部下，那該怎麼辦？

答：撤掉他！

問：假若一個國家裡，政治做得很不好，那又該怎麼辦？

齊宣王此時只好王顧左右而言他了。

孟子在此採取了假言設問和步步追問相結合的提問方式，先設兩句，誘導宣王做出肯定的回答，最後提出要害問題 —— 如何處置不會治理國家的君主，使宣王無言以對。如果首先提出第三個問題，必然會引起齊宣王的憤怒。假言設問和步步追問常運用於論辯與談判等口才形態中。

善於聆聽，沉默是金

聆聽是交談的重要組成部分，交談作為兩個人或兩個人以上才能發生的一種行為，不可能大家同時在說，必然是有聽有說，說是為了聽，也是因為有人聽；聽是因為有人說，也是為了聽後說，這就構成了交談。以上所言是聆聽的首要意義。

其次，聆聽是做好人際關係的必要條件。這是因為聆聽是褒獎對方談話的一種方式，你越能用心傾心對方的談話，就等於告訴對方「你是一個值得我傾聽你講話的人」，這樣在無形之中就能滿足對方的自尊心，加深彼此的感情。此外聆聽也是一個人及時了解別人的需求、期望和性格的好辦法，通常所說

給人留下深刻的第一印象，其中就包括一個人是否認真傾聽別人談話這個因素在內。當周圍的人意識到你能耐心傾聽他們的意見時，自然會向你靠近。這樣你就可以與許多人在進行思想交流，建立較廣泛的人際關係。

再次，聆聽又是捕捉資訊、處理資訊、反饋資訊的必要動作。談話是在傳遞資訊，聆聽別人談話是在接受資訊。好的聆聽者，應該善於從一大堆談話中捕捉有益的資訊。並以參與談話的方式做出積極的反應，這就是資訊反饋。而說話者才能根據你的反饋資訊確定是繼續、是改變、還是停止他的談話。

聆聽的障礙首先在於分心。客觀上各種噪音、頻頻而起的電話鈴聲、接連不斷的人員進出等等，主觀上如另有急事在身而心不在焉、情緒激動等等。其次在於急著發言，而經常打斷對方的講話，迫不及待地發表自己的意見，而實際上卻沒有把對方的意見弄懂、聽完。再次是固執己見，拒絕傾聽不同意見的人。注意力就不可能集中在講逆耳之言的人身上，也不大可能和任何人都交談得愉快。最後是偏見作怪，對自己不喜歡的人，看不上的人，對其講話則也持同樣不喜歡、看不上的態度，故而沒有興趣去聆聽其講話，那怕其講得很精彩。

聆聽的方法是：

➢ **耐心地聽**：即讓對方把話說完，盡量控制自己，不要打斷對方。即便是對方所言或者偏離了主題、或者對你無所裨

益、或者你不愛聽，但出於對對方的尊重，就要給人家說話的時間，讓對方充分表達自己的思想，無拘無束地把話說完，自己絕不能表現出任何不耐煩的神色和舉動。這種尊重人、甘願當聽者的耐心地聽既是個人在談話中應具備的素養，也是在社交中展現的度量。

➤ **虛心地聽**：人們交談的目的是為了溝通資訊、交流思想、聯絡感情，而不是智力測驗、辯論或演講比賽，大可不必去爭話、搶答，所以在聽人講話時應持虛心的態度，盡可能避免聽話時「先入為主」，或對別人的講話急於下結論，或立即接過話再予以反駁，這些偏激作法都不可取。

➤ **細心地聽**：「聽話聽聲，鑼鼓聽音」，在聆聽別人講話時，應能細心地觀察和體會講話人的「話外音」、「弦外音」和其他非言語資訊，注意講話人詞彙的運用和選擇，細細品味講話人的微妙情感和難言之隱，弄清講話人的真正意圖。這種察言觀色，提升敏感的細心地聽對祕書尤為重要，沒有這種細心，祕書就難以領會主管的真正意圖。

➤ **會心地聽聽人講話，不只是在被動地接受，還應主動地予以反饋，並適時做出會心的呼應**：這種呼應既可以是言語表達的，也可以是透過表情而顯示的，有時還可適時插話，如說：「真有意思」、「講得真好」，表明你不但在注意傾聽，而且很感興趣，這也就對方談話以鼓勵。

機智回答，巧得人心

　　回答，是對提問的反饋。在日常工作中，無論是專題對話、答記者問、還是電視採訪、工作談話都離不開應答。應答是一種難度較大、要求較高的語言表達形態，是交際中短兵相接的利器。一個掌握語言藝術的人，絕不是問什麼就答什麼，也不是怎麼問就怎麼答，他總是力圖運用答問技巧，努力改變自己的被動局面，既答得好，又答得巧。答問技巧可概括為以下七種：

> **答非所問**：有些提問者出於某種不良動機，企圖透過提問使你處於難堪的境地，面對這樣的問題，如直言回答，便會中了對方的圈套，因此，就必須採取巧妙的迴避辦法，這就是答非所問。

> **避而不答**：對於某些敏感的問題，由於某種原因，不便回答，或不能回答，就應採取避而不答的方式，加以巧妙拒絕。

> **以問代答**：物理學家法拉第（Michael Faraday）有一次在大庭廣眾中作電磁學的實驗表演。實驗剛結束，忽然有人站起來高聲責問：「這有什麼用呢？」法拉第看了一下提問者，反問說：「請問，新生嬰兒有什麼用呢？」此例中，提問者暴露了他對科學的無知，而法拉第的以問代答則隱含著對提問者在科學上缺乏預見的嘲弄。

➢ **怪問怪答**：有時提問者為了有意為難對方，往往提出一些
古怪的難題，讓你防不勝防，面對這樣的問題，我們應打
破正常思維的模式，恰到好處地接提問者的反常思路去構
思答案。1935 年在巴黎大學的博士論文答辯時，主考人
向年輕的留學生提出了一個奇怪的問題：「《孔雀東南飛》
這首詩裡，為什麼不說『孔雀西北飛呢？』」留學生應聲
而答：「西北有高樓。」留學生引用了古詩 19 首中的名句
「西北有高樓，上與浮雲齊」，孔雀自然飛不過去，只好
向東南飛去了。真是問得怪，答得也怪，令人叫絕。

➢ **雙關妙答**：有個笑話說，紀曉嵐與和珅在問話中運用諧音
雙關，將「是狼」諧「侍郎」，而紀曉嵐接過話題，未作
任何鋪墊修改，也有諧音雙關，將「上豎」諧「尚書」，
隨口答問，反守為攻，使和珅張口結舌，顯示了過人的機
智與口才。

➢ **委婉曲答**：在回答時，既不願直言自己的意思而得罪對
方，又要使對方理解自己的本意，這時可採用委婉曲答的
技巧。英國作家王爾德在未成名時很貧窮，有一個貴族想
聘請他當家庭教師，在談到食宿條件時，貴族問他是否願
意和他的家人共同進餐，王爾德（Oscar Wilde）回答說：
「那全看進餐時懂不懂禮貌了。」雖沒正面做出回答，但
實質上則委婉地表明了王爾德的潛在顧慮—看貴族的家人
是否尊重自己。

> **即興智答**：即興智答要求答問者反應快捷，對突如其來的問題迅速做出判斷，急中生智地以精巧的妙語作答。其特點一是要答得快，二是要答得好。

1972 年美國總統尼克森（Richard Milhous Nixon）訪問蘇聯。一次，在蘇聯機場上飛機準備起飛時，突然一個引擎發動不起來。此時，在場的布里茲涅夫（Leonid Ilyich Brezhnev）又急又惱，指著民航部長問尼克森：「我應該如何處分他？」尼克森即興回答：「提升他。因為在地面發生故障總要比在空中發生好。」

尼克森的即興智答含義深刻，饒有風趣，在「視點」上比布里茲涅夫高出一籌，且為東道主保全了面子。

談話應講究禮儀風度

談話是人們交流感情、增進了解的主要手段。在人際社交中，一般講究「聽其言，觀其行」，把談話作為考察人品的一個重要標準。因此在主管間的談論中，主管無論是作為說的一方還是聽的一方，都應該講究技巧、注重方法，並遵守一定的禮儀規範。現歸納如下幾點：

口齒伶俐本不錯，但得懂得尊重人

　　談話是一門藝術，談話者的態度和語氣極為重要。有人談起話來滔滔不絕，容不得其他人插嘴，把別人都當成了自己的學生；有人為顯示自己的伶牙俐齒，總是喜歡用誇張的語氣來談話，甚至不惜危言聳聽；有人以自己為中心，完全不顧他人的喜怒哀樂，一天到晚談的只有自己。這些人給人的只是傲慢、自私的印象。談了半天話，倒不如不談，因為他們不懂得尊重別人也就達不到談話的良好效果。

粗話不要說，外語方言慎使用

　　談話中一些細小的地方，也應該展現對他人的尊重。談話中不能使用粗話，有人認為一說出那些粗俗的詞語，便會縮小和他人的距離，殊不知這樣做只會顯示出自己的格調不高。

　　談話中使用外語和方言，需要顧及談話的對象以及在場的其他人。假如有人聽不懂，那就最好別用。不然就會使他人感到是故意賣弄學問或有意不讓對方聽懂。與許多人一起談話，不要突然對其中的某一個人竊竊私語，湊到他耳邊去小聲說話更不允許。如果確有必要提醒他注意臉上的飯粒或鬆開的「拉鍊」，那就應該請他到一邊去談。

　　當談話者超過三人時，應不時和其他所有的人都談上幾句話。不要「酒逢知己千杯少，話不投機半句多」而冷落了某個人。尤其需要注意的是，和女士們談話要禮貌而謹慎，不要在

許多人交談時，和其中的某位女士一見如故，談個不休。張口便引經據典，子曰詩云，只會讓人見笑。

得理還須且讓人，不要惡語傷人心

有人談話得理不饒人，天生喜歡為反對而反對；有人則專好打破砂鍋問到底，沒有什麼是不敢談、不敢問的。這樣做都是失禮的。在談話時要溫文爾雅，不要惡語傷人，諷刺謾罵，高聲辯論，糾纏不休。試問，在這種情況下即使占了上風，是得大還是失大呢？

話題選擇要適宜，目光體態有門道

談話時要注意自己的氣量，當你選擇的話題過於專一，或不被眾人感興趣，或對自己的寵物阿貓、阿狗介紹得過多了的時候，聽者如面露厭倦之意，應立即止住。當有人出面反駁自己時，不要惱羞成怒，而應心平氣和地與之討論。發現對方有意尋釁滋事時，則可對之不予理睬。

不論生人熟人，如在一起相聚，都要盡可能談上幾句話。遇到有人想和自己談話，可主動與之交談。如談話中一度冷場，應設法使談話繼續下去。在談話過程中因故急需退場，應向在場者說明原因，並致歉意，不要一走了之。

談話中的目光與體態是頗有門道的。談話時目光應保持平視，仰視顯得謙卑，俯視顯得傲慢，均應該避免。談話中應用

眼睛輕鬆柔和地注視對方的眼睛，但不要眼睛瞪大，或直愣愣地盯住別人不放。

以適當的動作加重談話的語氣是必要的，但某些不尊重別人的舉動不應該出現。例如揉眼睛、伸懶腰、挖耳朵、擺弄手指、活動手腕、用手指向他人的鼻尖、雙手插在口袋裡、看手錶、玩鈕扣、抱著膝蓋搖晃等等。這些舉動都會使人感到你心不在焉，傲慢無禮。

談話中不可能總處在「說」的位置上，只有善於聆聽，才能真正做到有效的雙向交流。

聽人談話要認真，心不在焉切勿有

聽別人談話要全神貫注，不可東張西望，顯出不耐煩的表情。應該表現出對他人談話內容的興趣，而不必介意其他無關大局的地方，例如：對方濃重的腔調或讀錯某字。

別人談話尚未完，插嘴搶白太無禮

聽別人談話就要讓別人把話講完，不要在他講得正起勁的時候，突然去打斷他。假如打算對別人的談話加以補充或發表意見，也要等到最後。有人在別人剛剛一張嘴的時候，就喜歡搶話和挑剔對方。對方說明天可能下雨，他偏說那也未必。對方談起某電影確實是部出色的影片，他卻說這部影片糟糕透了。這種人實在太淺薄了。

在聆聽中積極反饋是必要的，適時地點頭、微笑或簡單重複一下對方談話的要點，是令雙方都感到愉快的事情。適當地讚美也是必要的。

參加他人正在進行的談話，應徵得同意，不要悄悄湊上前去旁聽。有事要找正在談話的人，也應立於旁，當他談完之後再去找他。若在場之人歡迎自己參加其談話，則不必推辭。當然在談話中不應該作永遠的聽眾，一言不發與自吹自擂都同樣走的是極端，同樣會令人掃興。

以禮待人，善解人意

一個人在談話中，如果對待上級或下級、長輩或晚輩、女士或男士、外國人，都能夠一視同仁，給予同樣的尊重，他才是一個有素養的人。

在這些禮儀規範中，需要強調的是談話的適可而止原則。談話和做事一樣，都有一定的分寸和限度，話說過了頭，往往會適得其反。那麼如何來確定「度」呢？這可以從以下四種情況加以考慮：

> 在一些主要問題解決了之後，在一些枝節問題或者是具體細節問題上還有待於推敲，或者是還有不同的意見，這時談話就可以適可而止，留待以後找機會再談。

> 談話是雙邊或多邊的交際，在談話時要考慮到對方和其他談話各方的不同的心理狀態、接受能力、具體處境等。提

出的問題或者是表明的看法有無可能給對方或者是其中的一方造成不愉快進而造成傷害，宜盡可能地調整自己的談話內容、談話方式，使談話為對方所接受或者是取得各方的理解。

➢ 談話切忌喋喋不休。本來是不錯的談話內容，可如若談話者眉飛色舞、興高采烈，既不考慮聽者的反映，也不考慮時間和場合，只陶醉於自己的談話內容或者是情緒的宣洩，不能察言觀色，適可而止，將會引起聽眾的反感。

➢ 談話切忌纏住不放。談話與演說不同，一般根據談話的進度和內容的要求，即興發表意見或看法的成分比較多。由於是即興發言，往往出現不夠完整或不夠嚴密，甚至是錯誤的觀點、錯誤的理解，或者是與事實不盡相符等等。遇到這種情況，聽者宜採取寬容的態度，對於枝節問題、非原則問題，可以不予辯駁，對於原則問題可以適當澄清，點到為止，豁達大度的寬廣胸懷。談話中「得理不饒人」，表面上看似乎是占據了主動，取得了優勢，但同時也反映了自己心胸狹隘、不能容人。此時雖然是「有理」，但卻失去了人心。更何況，由於看問題的角度、方法、對事實認知程度的侷限，所謂的「有理」之中往往也有不盡完善的地方。這種情況下，談話留有餘地、適可而止就更顯得必要了。

要給別人談話的機會

交談，就是互相交換談話，而不是一方發表演說。只有這樣，才能達到理想的談話效果，從而溝通，交流資訊，增加了解，增進友誼。而要做到這樣，必須注意：

➢ **有平等的談話態度**：即使自己對某一問題掌握了權威，或者有精闢的見解，也不能以居高臨下、不容置疑的口吻說話。那樣只會給人留下自以為是、高人一等的印象，而無助於解決實際問題。

➢ **要注意給別人說話的機會**：現實生活中，有人健談，口若懸河；有人木訥，期期艾艾。這種差別是存在的。但既然是「交談」，就不能一個人唱獨角戲，只管自己說得痛快，讓別人插不上嘴。相反，當自己談了對某一問題的看法時，就要有意識地「打住話頭」，請對方談談有什麼想法。這既是為了深入討論問題，也是對談話對手的尊重。

➢ **要坦率陳述自己的看法**：不要自己把自己置於「聽眾」的位置，更不要一味「嗯嗯嗯」地敷衍，唯唯喏喏，低三下四。這不僅是缺少能力，也是缺少教養的表現。

使不愛說話的人講話

有些人不愛說話是出於孤傲或有某種原因

對這些人，要了解、試探對方的一些情況，設身處地揣摩對方的態度，設法找出對方想說的話題。

> 有些人沉默寡言是由某些原因造成的。與這些人談話就要抓住這些原因，站在同情的角度，模擬他的態度來談話。共同的語言可以叩開朋友的心，一旦心靈溝通，話匣子一打開，他就會興致勃勃地與你交談。比如說，有人犯了錯誤，受到批評又遭某些人譏笑，因而逢人緘口，裝聾作啞，其實他心裡很需要別人的同情與理解。這時，你找他，可以說：「唉，做人難哪，不小心跌一跤，這邊受處理，那邊遭白眼。我去年那一次就是……」你找出與他相似的經歷來談，他必定信任你。

> 一些有學識的人，由於長期在書房裡埋頭從事學問，和外界接觸交往很少，而且由於別的交際障礙，無意中產生了對別人的冷漠。如果你不是他的同行，要想讓他開口，唯有「畢恭畢敬，求其學問」。你要從他的愛好、專長和技能出發，以學生對老師的語言、態度展開談話。注意要當好學生，認真思考他的話意，隨時回答他的問題或贊同他的意見，甚至對他談話的內容提一些疑問。這種情況並非

是因為其妄自尊大、好為人師，而往往是他太專一的科學態度造就的性格。你要體諒他這一點。當然，在下一次接觸中就可以隨便一些了。他們和別人有普遍的距離，但對誠懇的人能很快拆除心理障礙。如果接觸久了，彼此間即可談笑自若了。至於某些高高在上的有「老爺」作風的人，裝出飽學的樣子，實則胸無點墨，目中無人，這樣的人，也用不著用言辭去打動，也不值得去交往。

提出對方有興趣的話題。

這如同示魚以餌，就能讓他張開口，有興趣地與你交談。一般來說，你可以在以下三種情況下試試上面的方法靈不靈：

➢ 詢問其親身經歷並感到愉悅的事。比方說，問起他如何取得最近的成績；問起他如何買了價廉物美的東西；問起他如何在大眾場合做了件令人讚賞的事；問起他優美的手勢從哪裡學來的，這些都能激起他的興趣。你還要察言觀色，及時調整談話內容。口訥的人常有心理創傷，我們跟他談話要言其所悅，不要觸其所痛。類似一些老師、家長總愛問學生的成績，可是對那些功課不好的是不行的，最好就其某項特長談起，方能跟他談心。

➢ 講一些他知道得多、懂得深的事物，並有意設疑，讓他猜想，引他發問，讓他解答。譬如一個書畫愛好者，你對他

講起某書畫家的軼聞趣事，談起某幅書法作品如何引起轟動，他一定會向你追根究柢，甚至有可能向您講出一番鮮為人知的高見。當然，在打開話匣子之前，你一定要先了解，試探他的才情，以便更好地激發他的興趣，從而達到使交談愉快舒適的目的。

➤ 生活中有一些屬於「悶葫蘆」型的人，他們由於長期受到某一些人的誤解，甚至歧視，因此心裡感到壓抑，從而決計將自己扮成「裝在套子裡的人」，「兩耳不聞套外事，一心只圖平安過。」打破這種「悶葫蘆」的方法就是用熾熱、誠摯的心靈去撞擊他的心靈，掌握他的某些個性，尋找他喜愛的話題。可以找個機會和他在一起，告訴他：「我們可真一樣，都不喜歡多嘴多舌。」「哎，我們話少，誰能理解呢？」這樣反而可能取得對方的同情。語言一旦溝通，很快可以成為好友。

當然，如何打開不愛話的人的口，絕不僅限於以上介紹的方法，而是有多種途徑，比如激將法——鼓勵式批評。諸如「你自己說口訥，我可不認為。我想你是嫌棄我，不願跟我談，對嗎？」又如「你說你沒有口才，也學不來，真不可思議！」，「我看你是個沒志氣的人，放著好好的基礎不發揮，我為你感到可惜。」這樣一來，久久煩悶在心中的話語會衝開他心靈的閘門。

巧妙打破沉默場面

社交中的沉默有兩種，一種是對社交有益的沉默；一種是對社交有害的沉默。對前一種沉默我們應學會使用和理解，對另一種沉默則應努力避免和打破。

打破沉默要遵循兩條基本要求：

第一，深入分析引起沉默的真實原因。如：張三因患急性咽喉炎而不願說話，你卻以為張三對你談話的主題沒有興趣，於是就轉換話題想打破對方的沉默狀態，那肯定是難以奏效的。

第二，在打破沉默的過程中，不要給對方以壓迫感。只有巧妙地打破沉默，才能給對方帶來言語溝通的熱情。如：你的朋友第一次參加某社團的群體活動，會因拘謹而沉默寡言，這時你可主動向他介紹有關的情況，並引見諸位，在輕鬆愉快的氣氛中，使朋友不知不覺地消除拘束感，沉默也就被打破了。

打破沉默的常用方法包括以下幾點：

打破自己造成的沉默

如果是自己太清高、架子大，使人敬而遠之，而造成了對方的沉默，則主要從完善自己的個性著手，在社交場合中主動些、熱情些、隨和些。如果是自己太自負、盛氣凌人，使對方反感，而造成了沉默，則要注意培養謙虛謹慎的品德，多想

想自己的短處，在社交場合中適當褒揚對方的長處，並真誠地表示向對方學習。如果是自己口若懸河，講起話來漫無邊際，無休無止，而導致了對方的沉默，則要注意自己講話應適可而止，並主動徵求對方的看法和意見，讓對方也有機會表達自己的立場和觀點。不要讓人覺得你是在做單方面的「傳教」，而應讓人覺得彼此在進行雙向溝通。讓對方產生你很重視他的觀點的印象，引起他的交談慾望，從而使談話不致陷於沉默之中。

打破對方造成的沉默

如果對方流露出對此話題不感興趣而不想開口的情緒，那最好是馬上轉移話題，選擇對方樂於談論的事情進行交談，或故意創造機會讓對方自己轉移話題。如果對方事先沒有準備，對此話題有興趣但又不知從何談起，那麼應以簡明的富有啟發性的交談來開闊對方的視野，活躍對方的思維，從而引起對方的談興，消除沉默。如果對方自我防衛的機制太多，不輕易開口，那麼，就要努力創造非正式交談的氣氛；支持和鼓勵對方無顧忌地坦率地交談；不馬上公開反駁對方的觀點；對其一些合理看法給予讚許，促其進入交談。如果對方過於謙讓而造成了沉默，則要增強交談的競爭氣氛，用熱烈、緊張而有趣的談話激發沉默者進入交談。

三、創造氣氛，輕鬆自如

打破雙方關係造成的沉默

　　如果是因為雙方互不了解，不知談什麼得體，那麼就應該主動作自我介紹，並使交談涉及盡可能廣泛的領域，從中發現雙方的共同話題。如果是因為雙方過去曾經發生的摩擦或隔閡而造成了沉默，那麼就該高姿態，求大同存小異，或者乾脆把過去的隔閡拋在腦後，彷彿什麼也沒有發生似的，熱情地與之攀談，增強信任和友善的氣氛。如果是剛剛發生了爭論而出現了沉默，那麼就應該冷靜下來，心平氣和地談些無分歧的問題。如果局勢太僵，則可暗示在場的第三者出面積極調解，打破這種沉默。

打破環境造成的沉默

　　如果對方覺得這個環境不適合他發表意見，那麼可以換個環境，也許他就願意敞開思想來談，如果對方認為環境中的個別因素妨礙了交談，在可能條件下，可以排除這些干擾因素，使對方能積極地參與交談。

四、融理於情，幽默風趣

情理交融，寓理於情

融理於情

　　在談話的過程中，由於雙方或者對方的觀點不同，觀察問題的角度不同，經常會出現看法不一致的情況，這是很自然的，也是正常的。如何使自己的想法或者是道理為對方所接受，除了你所講的內容真正有道理這個基本條件之外，還要講方式方法，要研究談話的技巧。俗語說「理直氣壯」，這已成為一些人思考問題的固定模式。但「理直氣壯」不一定能獲得令人滿意的結果，其原因之一就是只考慮到自己一方的「理直」，並沒有觀察和分析對方的所處環境、看問題的角度以及諸多影響談話效果的因素。所以說「理直」不一定要「氣壯」。在談話時，既要考慮達到目的，又要研究達到目的的方式方法；既要有原則性，又要有靈活性。因而最重要的一條，就是要融理於情。

　　融理於情要求在談話中要有團結的願望，縮短雙方由於了解上的分歧所產生的心理距離，語氣要親切、自然，語調柔和、舒緩。這樣易於縮小雙方的感情距離，達到心理相容的良好談話氛圍。有了這樣的談話基礎，談話就易於融洽，也就使自己的看法易於為對方所接受。唐代詩人白居易曾說：「動人心者莫先於情」，融理於情就在於以情誘之，以理導之，破除

了雙方談話中的心理障礙，進而達到心理共鳴，其「理」也就容易得到對方的認同。

巧藉故事

一個巧妙、新穎的故事，往往包含了深刻的內容。談話中，根據內容的需要，恰當地用相關的故事，往往比空洞的道理更具有感染力和說服力，獲得事半功倍的效果。

談話不是演講，一般事前不可能寫好稿子，照本宣科。而是有很強的即興特點。因此，在談話中，思想要高度集中，注意談話的內容和自己的談話目的，廣開思路，揚長避短，把平時讀書看報和耳聞目睹累積起來的有關材料調動起來，根據談話的主題迅速加以篩選，做到恰到好處。所以說，談話中巧藉故事也是與平時知識的累積密切相關的，是一個人知識和能力的綜合反映。

直言快語

直言快語是人們在工作和生活中常用的一種交談方式。其特點有二：一是陳述事情直截了當，有一是一，有二說二，不曲不偏，事實可靠；二是表明態度，心口如一，旗幟鮮明，不拐彎抹角，不見風使舵。這種直來直往的交談方式，在機關團體及企業單位內部，在上下級或同級之間，更能顯示出它的有益之處。

> 當你不能滿足對方的要求時，直言能維護友誼，獲得諒解
> 當你請求別人幫助時，直言能取得對方的理解，獲得支持
> 當你想用交談處理棘手問題時，直言能顯出公正鮮明的立場，受到交談者的歡迎
> 在交談中運用直言快語是有條件的

凡是有利於對方理解自己的用意，有利於解決問題，而不致產生誤解才可以直言表達，另外還要看交談對象，因人而異。對於心胸開闊、性格開朗、有一定知識教養的人，才可以直言相告；對於性格內向、性情急躁，或者對自己有誤解、有成見的，不宜採用直言快語，否則可能產生不良後果。

尊重和讚揚

美國心理學家馬斯洛（Abraham Harold Maslow）需求層次理論指出：「人類在精神方面都有自尊的需求，人人都希望自己的品格、能力和成就得到別人的尊重和認可。」

委婉含蓄，禮貌得體

含蓄委婉的談話技巧是主管建立良好人際關係、取得良好談話效果的重要技巧。含蓄的特殊表現力正在於它把本來可能由於直言而引起的不快巧妙、婉轉地加以迴避，而又不失本意，造成了避拙就巧的作用。英國哲學家培根（Francis Bacon）說：「含蓄和得體，比口若懸河更可貴。」

　　談話是雙方或多邊的交際活動，參加談話的各方的地位、境遇、心態不盡相同。談話中，要盡可能適時調整談話內容和談話方式，使自己講的話能夠為對方所接受、所認同，做到心理相容，至少不會引起聽者的反感和不愉快，破壞了談話的氣氛。

　　含蓄委婉不是含混不清，也不是含糊其辭，敷衍了事。含蓄委婉是在特定的談話氛圍中所採用的一種高品味的獨具魅力的表達技巧。有一句盡人皆知的名言：「冬天來了，春天還會遠嗎？」這一句話，頗得含蓄委婉之妙，它給人以希望，並且激勵人們在困難中奮進。

委婉含蓄語言的禮貌性應用

■ 謙語和尊稱的應用

　　在主管的交流中，禮節是很重要的，謙語和尊稱就是樹立良好形象、表達禮節的一個重要方面。

　　在說到自己或自己的公司時，往往使用謙語，以表示謙虛、謹慎。例如把自己的意見說成是「不成熟的意見」；當對方恭維或讚揚自己公司的業績時，回答說「還好」、「還過得去」、「馬馬虎虎吧」，再以誠懇的態度繼續與對方交談。

　　在稱謂對方時，要盡量選擇符合對方身分、年齡、性別的尊稱，以表示對對方的尊敬。無論年紀大小，也不管男女，談

話中只是直呼「你……」，極易招致對方不快。在使用尊稱時要親切，自然，真誠大方，切不可以故意做作，若如此，也易引起對方心裡不舒服。

■ 諱言詞語的運用有些事物或現象

人們從來不願意直說，便採用諱言詞語婉轉地表達。最明顯的例子是關於「死亡」一詞的應用。

死亡本來是一種極為普遍的不可抗拒的生理現象，然而世界上各民族卻大都忌諱直言，而是用種種說法來婉言指稱，由此便帶有不同的感情色彩。

對於某些疾病、生理缺陷等，為了避免刺激對方，人們一般不願直說，往往使用婉言。例如對於聽力很差的人，如果直稱為「聾子」是一種很不尊重對方的說法，一般可以說是「聽障」，或者是「重聽」。對於生病，一般說身體不舒服等。

委婉含蓄語言的表達技巧

■ 選用同義詞語替代

婉言藝術中的一個主要表達方法就是選用同義詞語替代。例如「胖」一詞，可以選用「富態」來替代，如果是女生，還可以稱為「豐滿」；同樣是「胖」，如果改用「肥」或者是「肥胖」，其中的語意卻有天壤之別。反之「瘦」，可以說成是「苗條」等。

同義詞語替代的手段是選擇意思相同或相近的同義詞語。應用時首先要注意這些同義詞語之間詞義輕重的不同，例如「成績、業績、成就」在詞義的輕重方面有所不同，「批評」、「批判」，在程度上也有不同；其次，同義詞語的褒貶色彩不同，例如「侃侃而談」和「誇誇其談」、「見機行事」和「見風使舵」，這兩組詞語意思接近，但感情色彩則完全不同。

婉言中同義詞語的替代因人、因事、因場合環境而異，在應用時應慎重選擇。

■ 運用比喻、雙關等修辭方法

美國總統林肯的容貌不甚美觀。有一次，林肯與道格拉斯討論，道格拉斯說他是兩面派，而林肯話頭一轉，泰然答道：「現在，請大家來評評看，要是我還有另外一副臉孔的話，我還會用這張臉嗎？」

林肯以其特有的機敏，把「兩面派」這一政治上的批評用語，運用雙關的修辭方法，轉換成容貌的問題，巧妙地避免了就是否「兩面派」問題的爭論，使對手陷於無法進一步申辯的尷尬境地，使一個有可能針鋒相對的爭論輕鬆地得到化解。

■ 暗示烘托，婉轉表達意思暗示巧妙

有一次，一位素以嚴厲對待學生而聞名的英語教師，在講課時竟在文法上出現了錯誤。有一名學生發現了，以為這正是

使教師出醜的機會，便急切地指出了教師的錯誤。英語教師聽了以後，嚴肅而認真地說：「你指出的很正確，說明你在認真地聽講，可是其他的同學卻沒有發現，是不是在打瞌睡呢！」然後，教師接著又說：「這個地方非常重要，許多人都容易出錯，所以大家要特別注意。」

英語教師在坦率地承認了講課中的疏忽以後，不僅表揚了指出錯誤的學生，而且藉此機會重複了這一文法的重要，以加深學生的記憶。其暗示烘托的方法不著痕跡，卻彌補了講課中的失誤，獲得了良好的教學效果。

■ 曲折婉轉，談言微中

談話中，有時為了不使對方難堪，不直接把話說出來，而是有意地繞個彎子，婉轉地說出，能獲得很好的效果。

喬治買了一塊地，與建築承包商簽訂了建房合約並準備擇期開工。恰在這時候，公司決定派喬治出國工作，而且要求盡快起程。於是喬治去找了建築承包商，打算中止建房合約。這位建築承包商並沒有以簽了合約為理由，一口拒絕，而是委婉地指出：「建房是您一生中很重要的一項決策，應該仔細考慮一下再決定是否中止。」然後建築承包商與喬治一起討論解除合約是否划算的問題，並且說，現在施工，材料價格和施工費用都比較划算，而且可以在喬治出國這一時期內高效率地把房子蓋好。喬治經過認真的考慮，接受了建築承包商的意見，表

示願意按照合約繼續進行。

在上面例子中，建築商並沒有直接針對喬治所提出的中止合約一事直接表明自己的看法，採用了曲折婉轉的表達方式，以何時建房划算這一題目，進行誘導，得出了現在建房比中止合約以後再建要划算得多的理由說服了喬治，進而達到了自己承包這一建築專案的目的。相反，如果建築承包商不是採用這種方式，而是強調要遵守合約一口拒絕喬治的要求，只會引起喬治的反感，使這一項承包業務化為泡影。

談話時，也可以利用日常問候、個人經歷、歷史典故等，於有意無意之間，委婉地把談話中的問題加以說明。這種由淺入深的自然引入，使對方於不知不覺中自我領悟的方法叫做「談言微中」；其特點是委婉、巧妙，使人在輕鬆愉快地思考之中接受你的看法。

■ 避實就虛

即以無關緊要的、眾所周知的，或者是範圍很寬的內容作為答覆而迴避實質性問題的語言技巧。這往往是由於某種原因不便於明確表示，或者是對於明顯不合理的做法必須加以答覆而又需要避免正面衝突時所採取的表達方式。

有一家商貿公司的經理在與一家工廠廠長洽談進貨業務時，忽然提出：「你看我們兩家一起聯合經營，好不好。」這位廠長面對突如其來的問題，巧妙地回答說：「這個設想不錯，

只是目前條件還不成熟，以後可以再考慮。」

既不傷害對方，又迴避了正面作答，避免了直接否定所造成的尷尬場面。

■ 虛理實說和以實喻虛

在闡述一些抽象深奧的道理時，採用舉實例、打比方等多種方式使抽象的道理具體化、形象化以達到對方易於接受、易於理解的目的。

意味深長，妙用潛臺詞

潛臺詞的含義

潛臺詞原是戲劇、電影表演技巧術語，指角色臺詞的內在實質，包括說話的目的、言外之意和未盡之言等。

談話中的潛臺詞是指說話的人對想要說的話不直接說出來，或者是不全部說出來，但其想要表達的意思卻展現得很清楚。在聽者一方只要稍加留意，就可以理解未說出的話的含義，即所謂「聽話聽聲，鑼鼓聽音」。

在主管交際活動中，潛臺詞作為一種語言表達方式，應用得很廣泛。在一定的場合下，有些話不便於直接說出來，或者是沒有必要全部說出來，就可以透過暗示的表達方式，使聽話的人意識到或者是領悟到未說出的部分，彼此盡在不言中。

　　潛臺詞一般由明示和暗示兩部分構成。明示是指已說出的那一部分內容，暗示是沒有說出的那一部分內容。明示的功能在於準確地引出潛臺詞的含意，暗示則是說話人所要表達的主體，使聽者在聽到明項內容後，能夠準確地了解說話人未說出的實際的意圖。因此，明示和暗示之間在內容上有其緊密的連繫。這種內在連繫表現在明示的內容已經暗示出暗示的主旨，使聽者不必做太多的思考，就能理解暗示的內容，從而使潛臺詞增加了隱祕感或深沉感。

　　十九世紀，一位作曲家帶了一份音樂手稿向義大利著名作曲家羅西尼（Gioachino Rossini）請教。當樂曲演奏時，羅西尼不斷地脫帽。這位作曲家關心地問：「屋裡是不是太熱了？」羅西尼回答說：「不，我有見熟人就脫帽的習慣，在閣下的曲子裡，我碰到那麼多熟人，不得不連連脫帽致意。」

　　這是一個很典型的運用潛臺詞的生動的例子。羅西尼並沒有當面指出作曲家的作品抄襲了其他作曲家的作品，但誰都能領悟到這一部樂曲中有很多不是作者的創作。其中潛臺詞的明示是：「我見熟人有脫帽的習慣，在閣下的曲子裡，我碰到那麼多熟人，不得不連連致意。」暗示是：這一部樂曲中有許多部分是我熟悉的其他人的作品，分明是抄襲他人的。在這裡暗示口語藝術的運用既表現了羅西尼廣博的音樂基礎，又表現了他的機敏，準確地表達了這一席話的主旨。

潛臺詞的類型

■ 潛下句

利用成語、格言、歇後語、詩詞等上下句之間的固定關係，以上句為明示，以下句為暗示所構成的潛臺詞。只要把上一句說出，聽者自然地聯想到下句，從而領悟說話人想要表達的主要內容。例如：「善有善報，惡有惡報，不是不報，時候未到」、「山重水複疑無路，柳暗花明又一村」、「不識廬山真面目，只緣身在此山中」、「種瓜得瓜，種豆得豆」、「狗咬呂洞賓，不識好人心」、「姜太公釣魚，願者上勾」等等都可以在一定的語言環境中作為潛臺詞使用。

■ 潛局部

利用事物的整體與局部的關係，以事物的整體為明項，以事物的局部為暗示。在說話時把事物整體的意思表述出來，而說話的主旨卻落在未說出的局部事物上，構成弦外之音，使聽者很快地領悟到說話人想要說明的主要問題。

有一個人在宿舍的洗手間中，打開水龍頭沖洗西瓜，另一個人走過時說了一句：「這可是公家的錢啊。」一句話是潛臺詞的明示，指出公用的自來水也不應該浪費這樣一個普遍的道理。沖洗西瓜的人馬上意識到這句話的暗示是：「你正在浪費公家的自來水，如果是在自己家中，還會這麼做嗎？」等豐富的涵義。所以潛臺詞口才藝術確實有點到為止的作用。

■ 潛喻體和潛本體

利用比喻修辭方法中本體與喻體之間的類比關係，以本體為明項，以喻體為暗示的表達方式，構成了潛喻體類型的暗示。在潛喻體結構中，說話的人只要把事物的本體說出來，聽者就可以依照類比關係，了解喻體。反之，如果以喻體為明項，以本體為暗示，就構成了潛本體式的潛臺詞。試看兩例：

據說，戰國時期的齊國人淳于髡，聽說鄒忌成為齊國的國相之後，很不服氣，就去試探鄒忌，想證實他到底有沒有治國安邦的才能。淳于髡問：「做兒子的不離開母親，做妻子的不離開丈夫，對否？」

鄒忌答：「對，我做臣子的也離不開君王。」

淳于髡問：「車轂轆是圓的，河水向低處流，對否？」

鄒忌答：「是這樣。方的不能滾動，河水不能倒流，我也不能不順乎民情。」

淳于髡：「貂皮破了，不能用狗皮去補，對否？」

鄒忌說：「對，我也不敢讓小人占據高位。」

淳于髡問：「造車必須算準尺寸，彈琴必須定準音調，是不是這樣？」

鄒忌說：「是這樣，我一定注意法令，隨時整飭紀律。」

在這一個例子裡，淳于髡的問話裡只有一個本體，而他實際要問的是治國安邦的道理。而鄒忌的回答則是略過潛臺詞的

明示，即淳于髡所問的事物，直接從暗示來回答，切中了問題的要害。

有人曾經說：「忘記是誰說的了，總之是，要速寫出一個人的特點，最好是畫他的眼睛。我以為這話是極對的，倘若畫了全副的頭髮，即使細得逼真，也毫無意思。我常在學這種方法，可惜學不好。」這裡要講的主旨是如何寫作，但這一段話卻從畫畫入手，「要速寫出一個人的特點，最好是畫眼睛」是比喻中的喻體，又是潛臺詞中的明項。其本體是說在寫作時需要抓住重點來寫，枝節問題無論寫得如何細緻，也不能使特點突出。而這一本體並沒有在上面一段話中出現，是潛臺詞中的暗示，也是需要主管去體會去領悟的。

■ 潛代指

利用借代的修辭方法，不把事物的名稱直接說出來，借用與事物主體有關的事物來代替主體的名稱而形成的借代關係，在潛臺詞口才藝術中稱為潛代指。其構成方法是：以借代的事物作為潛臺詞的明示，以原有的事物主體作為暗示。當說話的人把借代事物說出後，聽者立刻領會到是指原有的事物主體，造成只能意會而不需言傳的表達效果。

阿根廷著名球星馬拉度納在一次世界盃比賽中在對方的球門前依靠手球的幫助攻進了一球，而裁判並未發現，從而使阿根廷隊奪得了世界冠軍。在賽後觀看影片中發現了這一情況，

於是馬拉度納的這一次手球被戲謔為「上帝之手」。以後，一提到「上帝之手」，其潛意思「手球」不需要解釋而聽者自明。

運用潛代指方法時需要掌握好下面幾點。其一，作為明示的借代事物與暗示本體事物之間的內在連繫，要選用很明顯、很典型的特徵來代替原有的事物。例如曹操詩中有「何以解憂，唯有杜康」的詩句，這裡「杜康」是指代「酒」的，雖然現在大多數人都理解，但在日常生活中很少再有用「杜康」來指代「酒」的情況了，這就是因為不同時代有不同的語言要求，潛代指也是如此。而「十步之內，必有芳草」這一成語在潛臺詞的使用中卻不受時代約束，其在具體的不同的語言環境中作為暗示的事物主體可以完全不同，它可以指代有才幹的人各處都存在，也可以指代自己所追求或所愛慕的人。

幽默風趣，輕鬆交流

幽默的含義

幽默，屬於美學範疇，它透過有限的語言，以影射、諷喻、雙關等手法，揭露生活中乖訛和不通情理的地方，含蓄地表現出充滿情趣而又耐人尋味的道理，在輕鬆愉快的語言環境中表達深刻的事理。

幽默的語言運用得當，可以於含蓄、詼諧之中產生一種神奇的效果，可以使矛盾的雙方擺脫困境，使一觸即發的語言大戰消弭無形，使窘迫尷尬在笑聲中冰釋。

幽默是思想、學識、智慧和機敏在語言中綜合運用的成果。在不同的場合，針對不同的對象，幽默地恰當使用幽默，即可以用於善意批評和自我解嘲，也可以用於擺脫窘境，化解敵意。所以有人說，幽默是人與人交往中的潤滑劑。請看一例：

在公車上，由於急剎，車廂裡的一個年輕人猝不及防，撞到了一位女孩身上，女孩很不高興，氣沖沖地說了一句：「公德心！」意思是指責那個年輕人缺德。那個年輕人立刻解釋說：「對不起，這和『公德心』無關，是不小心。」一句話引起了乘客們的一片笑聲，一場不快也在輕鬆的笑聲中得以化解。

在公共場所，人與人之間因各種小的摩擦造成彼此間不愉快的場面很多。上面的例子中的那位年輕人如果是一本正經地加以解釋，恐怕要大費口舌，或者是針鋒相對地回敬一句，則可能引起一場無謂的爭吵，不歡而散。而這一句，「對不起，這與『公德心』無關，是不小心。」既不失禮貌，又對自己沒有站穩的原因進行了準確恰當的說明，同時在詼諧中對那位女孩極不禮貌的話也給予了反擊。真是無可挑剔的回答。

幽默巧答，靈活解曉，化解敵對的情緒，不應該簡單地認為是「俏皮」，它是一種語言的藝術，是一個人學識和教養的綜合展現。

一位歌唱家去英國演出，在一次酒會上，主人風趣地說，您的歌喉太迷人了，我們想用農場交換，請您留在英國。歌唱家即興回答說：「實在對不起，我只能把歌聲留給你們，因為臨來時，我把心留在我國了。」詼諧幽默的回答贏來了一片掌聲和笑聲，增進了賓主之間的友誼，也表現出歌唱家機敏的思維和高尚的愛國情操。

一位電視臺的女主持人有一次主持兒童節目，根據內容需要，準備了一隻鵝。當攝影機對準女主持人和那隻鵝的時候，女主持人還沒有開口，鵝就先叫了起來。女主持人見此情景，即興發揮道：「小朋友們，你們聽見了嗎？我們今天請的客人已經等得不耐煩了，那麼節目就開始吧！」觀眾一下子被吸引住，笑得前俯後仰。女主持人以其特有的機敏和沉著，把一件突然發生的意外情況，用幽默的語言消弭於無形，彷彿是節目中的情節，自然連貫而不露痕跡，由此取得了超乎尋常的表達效果。

真正的幽默，是指一個人寬大的胸襟、開闊的心境。詼諧、幽默的語言儘管形式上輕鬆活潑，但須格調高雅，意味深長，絕不能把拙劣無聊的笑話當作幽默。

幽默風趣是睿智的展現，是一個人的思想、學識、智慧、靈感在語言中的反映。培根說過「健談者必幽默」，但幽默的具體運用並非易事。主管要掌握運用幽默的語言藝術，就要善於觀察想像；就要提升自身素養，增強語言表達能力；還要了解和掌握幽默的構成方式。

幽默的構成方式

■ 一語雙關

雙關是一種修辭方法，這種表達方式大多是利用了詞語的多義性或詞的音同意近現象，故意使某些詞語在特定的環境中臨時具有雙重意義來表達說話者的意思，而聽者可以借雙關的意義心領神會，獲得含蓄、生動或幽默、風趣的特殊效果。

雙關在中文應用歷史悠久並且具有豐富的表現力。人們所熟知的唐代詩人劉禹錫的《竹枝詞》中的「東邊日出西邊雨，道是無晴卻有晴」兩句就是巧妙地運用了雙關，被廣為傳誦。

幽默中的「一語雙關」，多是利用了實言在甲的事物，暗示在於乙。透過二者對比，形成眾人認同的反差，心領神會，從而達到幽默的效果。

有這樣一則寓言：

足球對籃球說：「老兄，我們本是同一類，為什麼你常常被人拍，而我只能被人踢呢？這不公平。」籃球不屑一顧地回答道：「小傻瓜，這還不簡單！因為我比你大，你比我小吧？」

這一則寓言運用足球、籃球一個被踢、一個被拍的不同遭遇，暗示了級別大小而形成的差別，幽默而風趣，辛辣地諷刺了當前社會中出現的一種不良風氣。

一位中學語文老師在向學生講授如何修改文章時，巧妙運用雙關的表達方式，深入淺出地講解修改文章的重要性。他說：「每個人的臉皮就是一篇天生的『文章』。古今，許多女人都是非常講究『修改文章』的。她們每天早晨起來梳妝，對著鏡子，用粉底反覆『揣摩』，再用高級胭脂、唇膏精心『潤色』，還要用特製的眉筆仔細地修改『眉題』。甚至於連標點符號也毫不含糊——非要用手術刀將『單括號』改為『雙括號』不可！你們看，這是何等嚴肅認真、高度負責的態度啊！」

生動形象、風趣幽默的雙關語運用，使課堂裡充滿了笑聲，使學生加深了對於修改文章重要性的理解，獲得了引人入勝的效果。

運用一語雙關的幽默表達方式，既貼切又形象，取得了生動活潑、風趣詼諧的藝術效果。一語雙關的構成可以分為以下三種類型。

➢ **語義雙關**：同音同字之下，一語多義，形成雙關。在特定的語言環境中都具有雙關的效果。

➢ **諧音雙關**：兩個詞語讀音相同而意思不同，借用諧音婉轉含蓄地表達出說話者的本義。前面所舉「道是無晴卻有

晴」中的「晴」即是「情」的諧音雙關。

➢ **借義雙關**：借用一個詞語的意思來表達另外一個意義，就構成了借義雙關。例如：有這樣一組問答：問：你怎麼看待一些人用「短平快」手法賺大錢？答：既可以「高點強攻」，也可以「短平快」，只要不犯規就行。「短平快」和「高點強攻」本來都是排球技術術語，有其特定的含義。這裡借用以表示經商活動中的一些手段，含蓄而令人深思，屬於借義雙關。

■ 巧用反語

正話反說或反話正說，都是用與詞語本義恰恰相反的話來表達詞語本義的一種方法。它的特點是：說話時表面是一層意思，而實際上是表達的另外一種完全相反的意思。

■ 借題發揮

巧妙地借用別人的話題進行發揮，以表達自己的意思。

記者有一次問美國國務卿季辛吉潛艇的數目。季辛吉說：「至於潛艇，我的苦處是：數目我知道，但我不知道是不是保密的。」記者說：「不是保密的。」季辛吉反問道：「不是保密的嗎？那你說是多少呢？」

季辛吉以一個外交家特有的機敏，借題發揮，巧妙地避開了這一難於回答的話題。

　　五代時期的南唐，稅賦繁重，民不聊生。有一年，正好趕上京城大旱，皇帝就問大臣們：「外地都下了雨，為什麼京城不下雨呢？」大臣申漸高回答說：「因為雨怕抽稅，所以不敢入京城。」皇帝聽了哈哈大笑，隨即明白了申漸高是借用下雨的話題來諷諫稅賦過重，於是決定減輕稅賦。申漸高借題發揮，機智幽默，取得了良好的談話效果。

■ 寓莊於諧

　　「談笑說真理」，「諷刺動人心」，用風趣幽默的語言來說明道理，使人們在輕鬆和愉悅中感悟其深的蘊含。寓莊於諧的方法很多，可以巧用雙關、比喻、借代等修辭方法，也可以故意用似是而非的語言或者是顛倒邏輯的方法來敘述某一件事，都可能產生幽默的效果。

■ 望文生義

　　「望文生義」的本義是不了解文句的確切含義，只從字面上牽強附會地加以解釋。但是在特定的情況下，在談話中明知故錯地將對方的話按照「望文生義」的辦法，得出與其願意截然不同的解釋，可以獲得意想不到的幽默效果。

　　望文生義作為一種幽默語言藝術，其運用要訣首先在於「望文」，即故意對其文作字面上的解釋；其次在於「生義」，從字面上解釋所衍生出來的文義異於常軌，與這一詞語

原有的意思毫不相干，完全在聽者意料之外，且又合乎情理，從而形成強烈的幽默效果。

　　古代有一則笑話：有人問：「孔子門下有七十二賢人，請問有多少成年人，有多少年輕人？」答曰：「成年三十，少年四十二。」又問，有何據？答曰：《論語》載：冠者五六人，五六為三十矣；童子六七人，六七之數為四十二。明白如此，尚且問乎！客人都捧腹大笑。

　　這一則笑話中「五六人」、「六七人」都是因數，而答者故意相乘，把一個難於回答的問題輕鬆化解，明明是與原義相悖，卻又能自圓其說，表現了答者機敏的應變能力。

　　當然幽默的方法遠不止這五種。只要你注意思考、挖掘，就會發現生活中還有很多幽默的方法。

使用幽默要看對象

千萬不要搶先

　　最容易發揮幽默的對象是同事、朋友，以及身邊的人。對這些人講話心情盡可放鬆，笑話內容也可不拘，但如果對方地位比自己高，就必須做各方面的考慮，不能貿然說出失禮的話來。

　　如果對方是位大學教授或某方面的專家，你可以說：「你的學問太精深，我實在不懂，還得請你多指教。」用這類的話

來引起對方發言的慾望，雙方距離就很容易拉近。

如果對方是某家公司的董事長，可以談起對方的娛樂興趣或商業成就，一定能勾起對方滔滔不絕的話題。記住，千萬不要擺出一副權威的態度，搶著發表自己的意見，這樣對方會覺得你這人很膚淺，不值一談。對長輩說話時以多聽為妙，千萬不要自顧自地滔滔不絕，否則對方會認為你不懂得敬老。

對年輕女性的危險禁句

在對男性同輩說笑話時，內容話題可無禁忌，但對女性說話就要懂得選擇話題，否則人家只會看輕你。尤其是對單身女性，如果說話不著邊際，人家一定討厭你而對你疏遠。

對年輕女性談話時切忌談到她的容貌，對單身小姐談話時不要提起年齡問題，因為這些都是禁忌話題。

幽默的目的不是壓倒對方

有時會遇上對方是幽默高手，他能妙語如珠出口成章，這時你千萬要保持風度不可興起競爭之心。遇到這種人你要注意傾聽，以觀眾身分來觀察學習，由對方得意地發揮幽默，從中學習對方長處，了解對方的個性，一樣能達到拉近距離的目的，還會令對方賞識你。

假如你心中有不平意念，一心只想用幽默來打倒對方，就可能使氣氛陷入緊張，引發對方仇視心理，這是社交場合的致

命傷。幽默的目的在於使社交場合氣氛融洽，利用笑與對方順利交流，而不是以打倒對方為目的。

千萬不要提起對方的職業

職業蔑視是施展幽默的一大阻礙，除非你確知對方以其職業為榮，否則最好不要在談話中提起對方職業的種種，因為大部分人對自己的職業都有不滿傾向。所以對於初識者最好不要提起對方職業，否則會使你們之間產生隔閡，那就難以突破了。

五、妙言巧語，得心應手

巧妙地轉移談話話題

　　一般情況下，人們在同一思維過程中，使用語言的內涵和外延都應是確定的，要符合邏輯的同一規律，不能任意改變概念的範圍。然而，在某些特殊的場合，人們又可以利用言語本身的不確定性和模糊性來「偷換概念」，使對話雙方話題中的某些概念的本質含義不盡相同，以求得特殊的交際效果。

　　此類「話題轉移」的語言技巧，在日常生活，尤其是外交活動中，常可獲得意想不到的效果。

　　隨機應變地轉移話題，有時也是反駁對方的一種有效方法。

　　英國前首相威爾遜的競選演說剛剛進行到一半。突然有個故意搗亂者高聲打斷他：「狗屎！垃圾！」把他的話貶得一錢也不值。威爾遜面對狂呼者的搗亂，報以微微一笑，然後平靜地說：「這位先生，我馬上就要談到您提到的髒亂問題了。」那個搗亂者被他一下子弄得啞口無言了。

　　蘇聯著名詩人馬雅可夫斯基（Vladimir Vladimirovich Mayakovsky）有一次在會上朗誦了自己的新作後，收到一張紙條：「您說您是一個集體主義者，可是您的詩裡卻總是『我』、『我』……這是為什麼？」詩人宣讀完這張紙條，隨即答道：「尼古拉二世卻不然，他講話總是說『我們』、『我們』……難道你以為他是一個集體主義者嗎？」會場上頓時爆發出熱烈掌聲。

　　馬雅可夫斯基抓住對方問話的「我」，未作正面解釋，而是轉移話題，以反問尼古拉二世的「我們」來作答，巧妙地回擊了對方。

　　當然，我們在運用這種「話題轉移術」時應該注意到，轉移了的話題與原話題應有一定的連繫，馬雅可夫斯基的反駁，畢竟是對集體主義的評價。如果缺乏這些連繫，「轉移話題」就不成其為語言藝術了。

巧妙運用「無可奉告」

關於「無可奉告」

　　「無可奉告」是一句外交術語。外交官在對外談話時，特別是在答記者問時，有時會用到。然而，切忌濫用。

　　看過《巴頓將軍》（*Patton*）這部著名美國影片的人可能還記得，這位狂放不羈的四星上將有幾次在回答記者問題時都用了「無可奉告」這句話。巴頓這樣回答是有道理的。他做了兩件影響他聲譽和前程的事：鞭打了一名士兵和不合時宜地發表了反蘇言論。而記者又偏偏追問這兩個觸及痛處的敏感問題。在此情況下，巴頓答以「無可奉告」是恰如其分。

　　「無可奉告」這四個字，有一個不成文的特定含意。這就是：此事確有，我也知道，但我不願證實，也無意置評。在事關機密不能說或事情微妙不便說時，使用「無可奉告」是恰到

113

好處的。如若明明不知而故弄玄虛，或該奉告時不奉告，胡亂地把「無可奉告」用作擋箭牌，這就是濫用了。而其後果不只是給外界以外交官無能的印象，更嚴重的是還可能對外誤傳了錯誤的訊號。

因此，外交官要善於掌握何時應「無可奉告」和何時又必須「奉告」的界線。並非凡遇敏感問題都一概答之以「無可奉告」。有時為澄清事實，駁斥對方，即使問題敏感，也須予以奉告。奉告與否，一線之隔，個中界限之掌握，全賴外交官平時磨練修養。

外交官要學會說「廢話」

廢話是同義反覆，說廢話令人生厭，然而可悲的是外交官又必須學會說廢話。非所欲也，乃外交工作的特點使然也。對外交官來說，善於說廢話或許也是一種本事。外交官肩負維護本國國家利益和促進與外國友好關係的重任，談話自當字斟句酌。而在不能說或沒得說但又非說不可的困境下，外交官就只能說起廢話來。

18 世紀俄國有一位傑出的外交官，此人善於把廢話說成聽起來不像是廢話。關於他，有這樣一段逸事：外國公使和外交官談了兩個小時。乍聽時，似乎內容比較豐富，但一走出他的辦公室，外國公使就感到所獲得的不像在外交官的辦公室那樣多了。還有一個較典型的例子。在一次新聞發布會上，記者問

美國國務院發言人關於柬埔寨的敏感問題。外交官答道：「對此我無可奉告。我們所聲明過的就是我們的立場，我們的立場仍然像我們所聲明過的一樣。」外交官這種回答淨是廢話。

說的本是廢話，但又要讓別人聽起來不像廢話，有一個辦法，便是「新瓶裝舊酒」。老話卻用新詞來說，這是外交官必須具備的本事。過去美國人瞧不起蘇聯駐聯合國的外交官，說他們呆板僵硬，殊不知這些人卻十分擅長於「新瓶裝舊酒」。他們在聯合國大會上往往拋出貌新而實舊的提案和建議，僅此一端，既非西方外交官所能望其項背的。

外交官說話，有時講究說得籠統，說得一般。於別人，似乎是廢話，但於外交官本人，可能是經多年錘煉而臻於成熟的標誌。古代威尼斯使節所得到的訓令是：「使者應該用對任何事都不承擔責任的一般性詞語來表達一切」。

當然，外交官也不能盡說廢話，這是不言而喻的。

關於「外交官慣於說謊」

曾經聽到過這樣一種言論：外交官慣於說謊。言者無意，聽者齒寒。這種一概而論的片面之說很不公正。應該說，慣於說謊的外交官的確有，但這只是外交官中的個別現象。高明的外交官注重信義，棄信義而求近利最終不符合本國國家利益。厄瓜多新聞部長談了這樣一個觀點：有時出於保護國家利益，對有些問題寧可閉口不言，也不要說謊。厄瓜多的諺語說：

「嘴不張開，蒼蠅是不會飛入嘴裡的。」外交官一旦說了謊，就失去了信任和威信。這位部長的話是很有道理的。

在所謂的西方「傳統外交」時期，外交官說謊幾乎被認為是理所當然的。17 世紀時英國大使亨利‧沃頓（Henry Wotton）就曾赤裸裸地承認，「大使是一個被派到國外為了本國利益而說謊的誠實人」。

19 世紀時奧地利外交大臣克萊門斯‧文策爾‧馮‧梅特涅（Klemens Wenzel von Metternich）甚至大言不慚地說：「就我的策略而言，說真話是對自己的不忠。」外交官淪為謊言家而不以為恥可能和「馬基雅維利主義」有關。馬基雅維利（Niccolò di Bernardo dei Machiavelli）是 16 世紀義大利政治家，他宣稱：「為保護國家安全考慮，不用顧及正義與人道、道德和宗教。」及至現代，外交官淪於說謊，不但沒有絕跡，還發展了說謊的技巧。像過去那樣毫無遮掩地說謊已不多見，現在講究的是技術上如何說謊。

外交官若遇因涉及重大國家利益而不能直說時怎麼辦？出路不是訴諸說謊，而是或者迴避不談，或者答非所問。英國外交官杜維廉（Humphrey Trevelyan）在回憶錄中描述了埃及總統賈邁勒‧阿卜杜 - 納瑟（Gamal Abdel Nasser）的經驗之談，給人以啟迪。

在杜維廉任英國駐埃及大使期間，杜曾向納瑟暗示，納瑟對國內顛覆活動負有責任。納瑟答道，他沒有特務。納瑟對這

句話的理解是，他是透過當地的持不同政見者搞顛覆活動的。當杜維廉向納瑟抗議埃及電臺對英國進行敵意宣傳時，納瑟答道，他不控制電臺廣播的節目。杜維廉又把此言理解為，納瑟指示埃及電臺負責人攻擊英國，但他本人未寫廣播節目單。以後杜維廉再訪問埃及，杜維廉對納瑟說，在他駐開羅任大使時，納瑟從未對他說過謊，但常答非所問。納瑟回答說：「是的，我常這樣做。」

靈活機智隨機應變

在國際外交舞臺上，風雲詭譎，能手如雲，智鬥激烈，外交官若無靈活機智隨機應變的本事，是難以勝任的。

為做到這些，外交官一需敏銳，二需機智，三需幽默。唯敏銳，始能迅速看透對手用意，找出破綻；唯機智，始能在瞬間計上心頭，拿出對策；唯幽默，始能在困境中巧妙應對，機敏解圍。

季辛吉也是很善於幽默的，有時藉以擺脫困境。

在一次記者招待會上，記者問季辛吉，參議員傑克森批評季辛吉在中東搞「穿梭外交」十分幼稚，應予結束，季辛吉對此有何評論？季辛吉當時是這樣回答的：「在第二次世界大戰期間，有人建議，對付潛水艇的辦法就是把海洋燒熱，把他們燒得浮到海面上來。」於是人們就問他，怎麼做到這一點。他回答說：「我給你出了主意，技術上怎麼辦，就要看你的。」

季辛吉寓幽默於答話之中，實際上是給傑克森以有力的回擊。

既用詞明確又擅模糊語言

講究用詞是外交官語言藝術的重要組成部分。用詞得當，才能稱得上是有辯才的外交官。外交官語言須用詞明確，又擅模糊。

然而，世間事並非全是黑白分明，客觀世界本有其模糊性，這在外交上尤其如此。有人甚至說「模糊」是「外交的最高技術」。

有時外交官使用模糊語言，進可攻，退可守，使自己保持主動，迴旋自如，使對手感到高深莫測。當年季辛吉在中東搞「穿梭」外交，撮合埃及和以色列簽訂脫離接觸協議，靠的就是使用模糊語言，即使埃及不落上背叛阿拉伯事業惡名，又沒讓以色列背上對敵屈膝的黑鍋。美報說：「季辛吉進行談判在很大程度上是靠使用不太明確的語言先實現外交上的突破，把許多細節留待以候補充。」當然，模糊也須有度，把模糊絕對化就等於謬妄。同一個季辛吉就因模糊過度，留下許多外交漏洞。

如何應付尷尬的技巧

雞犬之聲相聞，老死不相往來，這在現實生活中是不可能存在的。隨著經濟的發展，社會的進步，人與人之間的交往已越來越廣泛，越來越頻繁。然而，芸芸眾生千姿百態，一些人額上長角，腳板生刺，在交際過程中，難免會造成尷尬的局面。碰到這種情況，能應付自如者究竟是少數，凡夫俗子們往往容易走向兩個極端，或束手無策，或針鋒相對。前者令人難堪，後者常常增加敵意。

應付尷尬的局面，既是一種藝術，也是一種手段。如果方式方法運用得當，則能夠化尷尬為祥和，化干戈為玉帛。

以柔克剛，曲徑通幽

「鑼不打不響，理不辯不明」，這是一句流行甚廣的俗語，但不是一個「放諸四海而皆準」的真理。有時，無謂的辯解和爭吵，不僅不能解決矛盾，還可能導致兩敗俱傷的惡果，這樣，倒不如以軟制硬，以柔克剛，從而達到友好相處的目的。

一位日本政治家在演講時，遭到當地某個婦女組織代表的指責：「你作為一個政治家，應該考慮到國家的形象，可是聽說你竟和兩個女人發生了關係，這到底是怎麼回事呢？」

頓時，所有在場的群眾都屏聲斂氣，等著聽這位政治家的桃色新聞。

政治家並沒有感到窘迫難堪，十分輕鬆道地：「才不止兩個女人，現在我還和五個女人發生關係。」

這種直言不諱，使代表和群眾如墜霧裡雲中，迷惑不解。

然而，政治家繼續說：「這五位女士，在年輕時曾照顧我，現在她們都已老態龍鍾，我當然要在經濟上照顧她們，精神上安慰她們。」

結果，這位代表無言以對，所有的聽眾掌聲如雷。

這位政治家並沒有替自己強行辯護，反而淡化爭論，將計就計，掌握主動權，使對方失去還擊的力量。如果這位政治家與代表針鋒相對，寸步不讓，恐怕難以獲得這種效果。

隨機應變，睿智幽默

記得一位幽默大師曾說過這樣一句話：「懂得幽默，能說幽默話的男人是最佳男人，長得醜一些是無所謂的。」幽默是一個人內在氣質的表現，一個人內在氣質的美，勝過外表的美。無論何人，只要充分運用自己的睿智，隨機應變，用幽默的言辭緩和窘境，這就是一種成功。它能化衝突為喜悅，變危機為幸運，即使在充滿火藥味的場合，也可以成為最佳的緩和劑，幫助你擺脫困境。

一位日本歌舞伎演員，正在名古屋的一個舞臺上表演，觀眾席上突然有人喊：「蘿蔔腿！蘿蔔腿！」原來這位演員的腿型有缺陷，引起了一些觀眾的注意。然而這位演員受到突然

襲擊卻不慌不忙，以她一貫的舞臺腔調唱道：「蘿蔔腿是哪一位？」那位觀眾下意識地應道：「是我，是我！」（意思是他喊的）。演員立即接下去唱：「原來你是個蘿蔔腿！」於是引起了全場觀眾的大笑，甚至替演員的睿智幽默鼓掌。一場衝突，頃刻之間就化成了和風細雨，變成了明媚的春光。

設身處地，角色認同

設身處地，角色認同，實際上是交際上經常動用的攻心戰術，即把對方與自己的距離拉近，使對方進入角色。有人說，世界上最難走的路，是心與心之間的路，其間布滿坑坑窪窪，甚至諸多的陷阱。然而，只要用真誠來鋪設，這條路將會與柏油路一樣，平坦光滑，暢通無阻。

留學生陳生在美國洛杉磯攻讀碩士，因經濟困難，校方照顧她，給她一個教中文會話的兼職助教工作，但是必須用英語上課，而陳生的英語較差。第一次登上講臺，她將英語「Open the book, Please!」（請打開書）說成了「Open the door, Please!」（請打開門）。學生們哄堂大笑，有的滾到地上，有的吹口哨，教室裡一團糟。

然而陳生並沒有因此亂了方寸，她大聲地接著用英語說：「我的英語能力並不高，但是可以說，比你們正在學的中文能力好一點。學語言人人會錯。如果你們念中文錯了，別人也這樣笑你們，難道就不學了嗎？錯了就改嗎，不要怕。讓我們大

家一起學習，你們教我英文，我教你們中文，好嗎？」學生們頓時安靜下來，開始靜靜地聽陳生講課。

「如果你們念中文錯了，別人也這樣笑話你們，難道就不學了嗎？」這是陳生一席話的中心所在。陳生不卑不亢，設身處地，與學生取得「角色認同」，從而擺脫困境。

像這類攻心戰術還很多，如將心比心術，激起對方自負術等。運用攻心戰術，往往能贏得溫情款款、暖意融融。現實生活中，運用這種戰術取得成功者不勝枚舉。

心境閒適，沉默是金

有些人在遇到麻煩的時候，常常喋喋不休，嘮叨不休，殊不知這樣正好暴露了自己的弱點。處在尷尬情況下，與其聒噪不停，甚至說錯話，倒不如保持沉默。

國外某大學，曾發生過師生反目的情形，即許多教授遭到成群學生的圍攻。當時，也有一群學生衝進某教授的研究室，對他提出各種責問。但是，無論學生說什麼，這位教授始終不開口，雙方僵持了一陣子後，學生終於無可奈何地走了。該校唯獨這一位教授因保持沉默，而逃過了這一難關。

這位教授保持沉默，實際上也是一種反抗，同時又給對方一種高深莫測的感覺，從而給人造成心理上的壓迫感。由此看來，「沉默是金」，確有一定道理。

形成尷尬局面的情況是比較複雜的，要想恰到好處地應

付，也並不是一件容易的事情。況且，它與一個人的性格、經驗、知識等有著密切的連繫。但是，這並非說無跡可循，如能了解一些基本的東西，對我們廣泛交際，待人處事，將會產生意想不到的效果。以上四個方面，只不過是診治「尷尬症」的小處方，究竟如何運用，還得具體問題，具體分析，以便我們對症下藥。

讀者諸君，如果您遇上這些情況，你不妨試試。

自搬梯子自下樓

在人際社交中出現困窘場面，要順利地擺脫窘境，有一種方法叫做：「自搬梯子自下樓」。如何巧用這種方法呢？

> **變話說，也叫巧換命題**：如果自己的話題使人難堪，此時最好改換話題。

> **湊話說，也叫巧解難題**：在特定的環境裡，話題已定，別無他法，只有在已定的話題上做文章，擺脫困境。

> **找話說，也叫巧尋藉口**：如果事情已成僵局，而且越解釋越糟糕，此時只有將計就計，節外生枝。
>
> 有一個演老生的演員出場，沒有帶鬍鬚，引得臺下哄堂大笑。不少人擔心收不了場。此時演員見狀，自知失誤，但他沒有跑回後臺，卻在臺上做了幾個逆風而上的動作，便行腔高唱：「一陣怪風真巧，把老子的鬍子都吹跑了，來

人，快與我到後面去找一找！」臺下頓時響起了雷鳴般的掌聲。他接過馬童送來的鬍鬚戴上後接唱，「霎時年輕變年老。」這樣，戲就接著往下演了。

➢ **接話說，也叫順水推舟**：話已出口，造成窘境，解釋也不好，冷場也不行，只有順著話題說下去，再巧妙地引開。有個婦女去旅館裡登記住宿，剛巧，負責登記的接待正在看一張小孩照片。孩子很逗人愛，她越看越高興。婦女順口說道：「這是你的小寶貝吧？」那接待臉一紅說：「我還沒有結婚呢！」婦女自知口快失誤，馬上接著說：「沒結婚好啊，現在年輕人都晚婚晚生。你們真是時代的新人。」那接待一笑，也就不說什麼了。

➢ **趣話說，也叫無理而妙**：話一出口，令人尷尬，採取幽默的語言往往能產生喜劇感，使大家在笑聲中解脫困境。

善用邏輯劃分技巧

據說，一位外交官應邀參加一場舞會，舞會上，一位和他跳舞的法國女性突然問道：「請問先生，您是喜歡貴國的小姐，還是喜歡我們法國小姐？」

這問題提得突然，問得刁鑽：如果回答喜歡本國小姐，顯然不夠友好，不夠禮貌，會令對方不快；如果回答喜歡法國小姐，又顯然少了點民族尊嚴，有損國格。怎麼辦？這位外交官

只是微微一笑，彬彬有禮地答了這麼一句：「凡是喜歡我的小姐，我都喜歡她。」

這位外交官的回答可謂妙極！既沒傷面對的法國女性的感情，又維護了自己的國格、人格；既合情，又合理，真是滴水不漏。

面對法國女性提出的難題，答得如此巧妙、得體，其訣竅何在呢？這訣竅在於靈活使用了邏輯劃分的思維方法和語言技巧。

「劃分」是一個邏輯名詞。所謂「劃分」，就是根據一定的標準，把一個屬概念分成幾各種概念，也就是把一類事物分成幾個小類。而劃分的標準並不是唯一的，依據的屬性不同，劃分的標準也就不同；劃分的標準不同，分出的小類也就各異。同一類事物，你可以按某種標準分成這樣幾類，我可以按另一種標準分成那樣幾類。在交際中，我們可以從實際需要出發，靈活變通，選擇合適的「對我有利」的劃分標準，撇開對方所採用的劃分方法，對同一對象進行新的劃分。上例中，法國女性按國別標準把小姐劃分為「本國小姐」和「法國小姐」，外交官察覺到這種劃分將使自己陷於兩難窘境，於是機智地變換劃分方法，按「對我喜歡不喜歡」這一標準，把小姐重新劃分為「喜歡我的」與「不喜歡我的」兩類。這一重新劃分，使外交官迅速由被動變主動，「棘口」的難題得以迎刃而解。

古人很早就懂得「劃分」的技巧應答。有這麼個故事：

宋徽宗寫得一手好字，常自鳴得意地詢問大臣：「我的字怎麼樣？」大臣們異口同聲地誇讚：「聖上的字好，天下第一。」見大家讚不絕口，徽宗更加得意。有一天，他召來書法家米芾，問：「米愛卿，朕的字你看如何？」米芾知道徽宗的書法不如自己，但又不好當著皇帝的面誇耀自己第一，於是靈機一動，回答說：「臣以為，在皇帝中，聖上的字天下第一；在臣民中，則微臣的字天下第一。」徽宗聽後笑了，誇讚米芾回答得妙。

徽宗向米芾提出的問題，對米芾來說，不能不算難題：一味恭維皇帝，就委屈了自己；一味誇耀自己，就得罪了皇帝。他的機智就表現在巧妙運用了「皇帝」和「臣民」兩類，這樣就避免了他與徽宗在同一範圍的直接比較，從而讚美了皇帝，也肯定了自己，可謂「兩全其美」。

還有一個故事，說的是明代才子解縉有次陪同太祖朱元璋在金水河釣魚，整整一上午一無所獲。朱元璋十分懊惱，便命解縉寫首詩。解縉認為：皇上沒釣到魚，已經夠掃興了，如再來一首掃興的詩，那豈不會令龍顏大怒？但解縉畢竟不同凡響，他略加思索，一首詩便脫口而出：

數尺綸絲入水中，
金鈎拋去永無蹤。

凡魚不敢朝天子，

萬歲君王只釣龍。

朱元璋聽了，笑逐顏開，剛才的煩惱煙消雲散。

解縉的詩為什麼有這麼奇妙的效果呢？這也得歸功於他使用的「劃分」技巧。不是嗎？你看他的詩先把人分為兩類：一是皇帝，一是普通人。皇帝釣的是龍，普通人釣的是魚。然後再說，可惜這金水河裡沒有龍，而凡魚又沒有資格朝見帝王，所以您今天什麼也沒有釣到。請看，這回答多麼在「理」多麼巧妙！

有些離奇古怪的「智測題」，也得採用這種「劃分」的技巧來回答。

比如電視臺舉辦的一次「搶答節目」，主持人出的決賽題為：「馬路上誰穿的鞋最大？」幾位選手都答不出來。這時觀眾席上有一位觀眾答道：「誰的腳最大，誰穿的鞋就最大。」這個答案得到了主持人的肯定。

按常規思維，這首「智測題」裡的「誰」應是按姓名來區分的具體的人，比如：要麼是張三，要麼是李四。按這種區分，這道題當然無法回答。可是那位觀眾機智地變換了區分的標準，那就是按「腳的大小」這一標準把人重新劃分為「腳最大的」、「腳最小的」，這一劃分，那麼，得出的結論當然應該是「誰的腳最大，誰穿的鞋就最大。」試想如果不把題中

的「誰」換個標準來劃分，那麼這道奇怪的題怎麼能找到答案呢？

上述諸例啟示我們：劃分確不失為交際中應答難題的一種方法和技巧。讀者諸君在交際中碰到難題的時候，不妨一試！

六、軟語輕言，天高地闊

亡羊補牢，巧妙有術

一個上午，女職員黛博拉剛進辦公室，主管便交給她一些繁重的新任務，並且告訴她，在往後的幾個星期裡，他要幫黛博拉加大工作量。

「這人真是個工作狂，」黛博拉暗自想道，「他怎麼如此麻木不仁？」

她用自己的電腦寫 E-mail 給一位同事，信中抱怨她的主管「機器人」般缺乏人情。隨後她將這封信寄給那位同事。

黛博拉突然發現坐在辦公室另一端的主管臉色通紅，充滿了極度震驚的表情。猛然間，她感到自己錯了。結果，她的信並沒有寄給那位同事，而是不小心寄給了主管。

任何人都會有做錯事的時候，開始時，我們驚訝，不願相信這是真的。但一旦過失已經形成，我們就應努力地挽救它。值得慶幸的是，錯事做後並不是毫無辦法，總有一些良方妙計可用來彌補它。你想彌補過失，挽回損失和影響嗎？下面幾個要點須牢記在心：

講清細節

做錯事情之後，大多數人都會自我羞辱一陣，然後去向人低聲道歉，接著便灰溜溜地離開。但許多情況下，僅靠一句「對不起」是不足以獲得諒解的，以黛博拉的事件為例，尚需

要誠懇的交談。

急促地呼吸了一陣子之後，黛博拉匆匆寫一張便條紙給主管，約他百忙之中抽空談一談。主管同意了，於是，他們一起走進一間空會議室。

「顯而易見，我寫的那封信絕無其他用意，我現在備感悔恨。」黛博拉向主管解釋道，她之所以使用「機器人」之類的字眼，只不過是要開個玩笑，她感到主管對她有些疏遠、麻木，因此「機器人」三個字只不過是描述她這種感情的一種簡短方式。

主管為黛博拉合情合理的解釋和自我批評而深受感動，他甚至當即表態，說要努力善解人意，做個通情達理的人。「黛博拉」他說道：「我們的談話到此為止，這件不愉快的事也到此結束，讓我們都忘掉它吧。」他很守信，此後的來往使黛博拉深深地感到這位主管的優點很多。

把問題講清楚，透過這種方式，黛博拉幫助主管做到了平心靜氣，並順利地解決了他們之間的危機。

表明你真實的感情

公開出錯給人帶來的窘迫常使人過度道歉。「而受害者常常希望看到你深感悔恨的感情展現。」莫塞爾指出，「如果你過失之後能表現出歉意和窘迫不安，對方就會心平氣和，對你寬容一些。」

幾年前，朱迪絲曾不慎導致了一場車禍事故，她對犯錯後誠懇認錯所引起的神奇力量深有感觸。朱迪絲開車不慎，撞入個交叉路口，結果撞上一輛汽車，車上有一夫一妻，還有一個孩子。儘管聽說對方無人受傷，朱迪絲還是忙不迭地向人道歉：「對不起，對不起，我真對不起你們。」

　　朱迪絲誠懇的道歉使她在幾星期後的交通法庭上，有利於對她過失的宣判（判她最輕的罰則）後，受害車的主人同情地陪同朱迪絲走出法庭，並對她丈夫說：「你妻子真是一位有修養的夫人。」「是啊！」朱迪絲的丈夫則不無幽默地回答：「如沒這個修養，可能就開不成車了。」

　　朱迪絲的道歉並不僅僅是禮儀形式，而是真誠地承認錯誤。事後朱迪絲這樣描述真誠悔恨所帶來的結果：「絕大多數人都是通情達理的，如果你誠懇認錯，他們就會慷慨大度。」

謹慎辯解

　　學校要集合一群學齡前兒童進行演出，我把一段朗誦詞分配給一位四歲男孩讓他朗誦，可是他卻懶洋洋地睡在那裡動也不動，於是，我把這一情況反映給他的家長，他的父親卻在電話裡抱怨說：「那不是我們的孩子，是別人的，你弄錯了。」

　　「可是主持演出的女教師說那個孩子就是你們家的。」無意之中，我脫口辯道。這句話使對方惱羞成怒，他把這件事匯報了我們主管。

　　誠然，推卸責任是人們找藉口辯解的一種有效方式，然而問題不在於我曾找藉口辯解，而在於我辯解時太直率生硬了。

　　任何人都會進行辯解。堪薩斯州立大學的心理學家，曾就此類主題寫過兩本書的斯尼德指出：「如能使雙方感到出現目前的過失是事出有因，而且保證不再會重複，找藉口辯解解除大家的緊張情緒。」「且藉口如能成為解釋的理由，便更能使人感到舒適愜意。」斯尼德又補充道。

　　我應該向那位犯怒的父親道歉，並向他解釋我聽到的情況不全面。我的自我批評如能使他滿意，他也許會樂意聽我講完整個情況的。

努力補償

　　道歉和辯解（解釋）之後，你還必須採取措施挽回你所造成的損失。通常情況下，正確而恰如其分的賠償是很難做到的，它不僅僅只是按價付款賠償後便完事大吉。舊金山有位名叫卡拉的律師，她永遠無法頂替和賠償那塊為了歡度萬聖節，她向別人借用，而後卻不慎遺失的水晶頭飾。這塊頭飾是一位朋友作為美女比賽的冠軍而戴在頭上的一種花冠標誌，它的價值是無法用金錢表示的。

　　卡拉並沒有向對方提出賠償，而是花了整整一天的時間到舊貨商店裡去搜尋，直到發現一塊類似的花冠頭飾。她愉快地為它支付了 50 美元，然後去把它還給朋友。

當損失和傷害來自感情方面時，信物或紀念品的禮物，例如一束鮮花，作為補償會有一定的作用，但僅用物質姿態也並不能總奏效。

如果在工作中出現過失，例如：超出時間限制，或是將文件放錯地方，應立即向主管做出明確的保證，保證自己不會有類似情況再現。紐約市一位心理學諮詢顧問羅達·F·格林指出：「比較理想的是，提出一套新的解決方法，它不僅能防止類似的錯誤，而且能夠解決你工作中的其他問題。這樣的話，你不僅恢復主管對你的信任，而且對工作也做了補償。」

吸取教訓

幾年前，著有數本禮儀書籍的作家利蒂希婭因為過失而使自己後悔莫及，甚至改變了她以後的日常行為習慣。受聘於聯合國某機構的一位朋友為利蒂希婭和丈夫準備了一頓豐盛的晚餐，還邀請了兩個國家的大使一起出席。

「我們為能參加這樣的晚餐而備感榮幸」利蒂希婭說道：「可是我卻因過度興奮而將約會的日期記錯了。在人家為我們舉行豐盛晚餐時，我們卻去看電影了。」

第二天早晨，朋友打電話來，聽到電話中朋友傷心的話語，她痛苦欲絕：「當時，我真想一死了之。」她在電話裡誠懇地向對方道歉，並且親自前往朋友的辦公室向她賠罪，隨後又寫了一份長達四頁的懺悔自責信，連同二十多枝玫瑰一起

送給這位朋友。六個月後，她又送上一份更多的鮮花給這位朋友，來彌補自己的過失。這時的朋友早已原諒她，但她仍在電話中再次安慰利蒂希婭：「我早已原諒你了，你別太介意了。」

也許已得到了朋友的諒解，但記憶仍然存在，它給人留下一個永遠洗刷不掉的汙點。現在，每遇到一些重大的約會，利蒂希婭都反覆核對它的日期，她總是在電話中一再訂正，隨後便把它記在記事本上。

「常言道：過失造就完人。」莎士比亞曾寫道：「而且，對於大多數人來說，某些過失的確能看作是自我完善的一大機遇。」的確，所犯的過失越大，為你所提供的成為完人的機會也就越大。只要你懂得如何彌補這些過失。

言失語誤，莫再強辯

終止失誤，偃旗息鼓，這是自己在論戰中不慎失誤，造成明顯不利形勢時，採取的一種暫時退卻的策略，以便振作精神，調整戰術，伺機再戰。

任何人在論戰中都難免失誤，任何一方都可能遇到強勁的對手，若一方稍有不慎，就會被強敵抓住把柄擊中要害。此時既不能強辯，也不可狡辯，否則將失敗得更慘。為了終止已造成的失誤，最好裝聾作啞，不予理會。雄辯大師邱吉爾（Winston Chur-chill）說：「我以多次陷入相似境地的同伴身分，讓我冒昧地向

同事提出勸告，最好的撤退方法就是一心一意地撤退。」

歷史上和現實中許多能說會道的名人，在辯論失利時仍死守自己的城堡，因而慘敗的情形不乏其例。

比如 1976 年 10 月 6 日，在美國福特總統和卡特共同參加的、為總統選舉而舉辦的第二次辯論上，福特對《紐約日報》記者馬克斯‧佛朗肯關於波蘭問題的質問，作了「波蘭並未受蘇聯控制」的回答，並說：「蘇聯強權控制東歐的事實並不存在。」這一發言屬明顯的失誤，當時遭到記者立即反駁。但反駁之初佛朗肯的語氣還比較委婉，意圖給福特以訂正的機會。他說：「問這一件事我覺得不好意思，但是您的意思難道是在肯定蘇聯沒有把東歐化為其附庸國？也就是說，蘇聯沒有憑軍事力量壓制東歐各國？」

福特如果當時明智，就應該承認自己失言並偃旗息鼓，然而他覺得身為一國總統，面對著全國的電視觀眾認輸，絕非善策，於是繼續堅持，一錯再錯，結果為那次即將到手的選舉付出了沉重的代價。刊登這次電視辯論會的所有專欄、社論都紛紛對福特的失策作了報導，他們驚問：

「他是真正的傻瓜呢？還是像隻驢子一樣的頑固不化？」

卡特也乘機把這個問題再三提出，鬧得天翻地覆。

高明的論辯家在被對方擊中要害時絕不強詞奪理，他們或點頭微笑，或輕輕鼓掌。如此一來，觀眾或聽眾弄不清葫蘆裡藏著什麼藥。有的從某方面理解，認為這是他們服從真理的良

好風範；有的從另一方面理解，以為這是他們不屑辯解的豁達胸懷。而究竟他們認輸與否尚是個未知的謎。這樣的辯論家即使要說也能說得很巧，他們會向對方笑道：「你講得好極了！」

引咎自責，反敗為勝

作為人性叢林中的一員，難免會出現這樣或那樣的失誤。高明的人往往能正確面對失誤，引咎自責，勇敢地自我批評，真誠地向人們道歉、認錯，從而反敗為勝，維護了自己的權威。可以說，引咎自責是人們反敗為勝的一個良方。下面從三個方面來談。

引咎自責的心理基礎

引咎自責之所以能反敗為勝，有著兩方面的心理因素：第一，「金無足亦，人無完人」、「人非聖賢，孰能無過」等古代名言作為一種普遍真理已被人們所接受和認同。人們不再像過去那樣期望一個個「高大全」的完美人物；第二，人們對優秀人物的遵從心理與敬畏心理是利弊互在的。弊在於這可以助長他們的驕傲自大意識，而利在於這種心理可以維護和穩定他們的威信、地位，便於他們引領他人實現自己的目的。同時，一旦主管者有過失，只要他稍稍有所悔悟，坦承過錯，或向過失的危及者直接道歉，就會得到人們真誠的原諒和加倍的信任。

引咎自責的作用與功能

➢ **維護權威**：沒有權威的人都不會成為真正的主管。維護權威是每個人都必須重視的一大課題。而有了過錯和失誤，顯然影響了權威的樹立，所以許多人或敷衍搪塞，或矢口否認或避而不談。其實這反而顯出其拙劣和愚蠢。而痛快地承認不足，了解過錯，讓人們看到你勇敢的精神和坦誠，卻能奇蹟般地增加其威信。

➢ **顯示胸懷**：宰相肚裡能撐船，這種胸懷也是一個人成熟的標誌。在一旦有了過失、犯了錯誤時，高明的人能引咎自責，向被危及一方坦承自己過失的嚴重；甚至在因客觀情況等因素下所犯過失也真誠地攬過來，一定能給人以胸襟博大、大度容人的印象。

➢ **警策他人**：有時，某項工作的過失是某些有權的人所犯，或有時本與某人無直接關係，而這些人偏偏心存僥倖，或企圖矇混，不予承認，如果某人勇敢地站出，首先承認自己的責任，往往能令其他人自慚形穢，也不得不承認錯誤。

➢ **消除隔閡**：人與人之間因工作不可避免出現隔閡，這種隔閡或矛盾不及時消除，勢必影響工作。而借助某項工作的失誤之契機，向他人承認過錯、失誤，有時甚至把不是自己的過錯也攬過來，往往能很快地消除偏見、隔閡、誤會，增進人際間的團結。

引咎自責的形式與對象

引咎自責的方法不外乎兩種：直接自責和委婉自責。直接自責包括當眾認錯，委婉自責有向第三者認錯和用其他形式向對方認錯兩種。坦率說，若非特殊情況，直接自責是引咎自責的最佳方法，因為這更加顯現出改正錯誤的決心和勇氣，以及認錯態度的真誠和懇切。由於每個人在人際關係中的地位不同，引咎自責的對象也各有不同，下面要結合實例介紹一下：

> **向下屬自責**：向下屬自責需要放下架子，不怕丟臉，最好能在公開場合顯示嚴以律己的作風。

> **向同事自責**：同事之間因為工作可能造成誤會，及時地自責不僅能挽回影響，也可打破因此形成的尷尬局面，免得造成不必要的隔閡。

> **向民眾自責**：有的人可能身居國家權力部門要職。作為國家高層領導者，有了失誤則向一般民眾自責，民眾們才能越加擁護和愛戴你。

據 1989 年《參考消息》介紹，澳洲總理霍克（Bob Hawke）在一家商場和一位 74 歲的平民貝爾對話，當貝爾要求他解釋政界人物薪資與養老金之間的差距的時候，霍克失言，竟稱貝爾為「愚蠢的老傢伙」。事後，霍克總理意識到自己的過錯，在報上公開發表聲明向貝爾致歉：「我誠懇地為我的發言道歉。我當時對他否認已對老人減稅，以及指

責我和其他政界人物透過給自己加薪而自肥後，感到非常煩惱。不過，這樣並不能成為我使用那種措辭的理由，而我希望貝爾會接納我道歉的心意。」

➤ **向敵人自責**：向敵人自責是在一種特殊的情境、形勢下所做出的一種特殊的反應，可以說，這是一種爭取民心、贏得支持、分化敵人的鬥爭策略。當然，這種自責也需要真誠，更必須公開，否則便會失去了意義。

➤ **向晚輩自責**：老一輩和晚輩之間的關係往往比領導者與下屬關係在心靈溝通上來得敏感、直接、尖銳。晚輩下屬既有對老一輩父親般的崇敬與崇拜，又有對其行為方式和思維方式的「警覺」和困惑，形成一種「代溝」，往往阻礙了兩代人之間的心靈溝通。作為既是領導者又是老一輩的人，一旦遇有失誤，更應主動自責。

願身處各行各業的人有效地利用好自我批評這個武器。記住：引咎自責 —— 一個人反敗為勝的良方。

妙用類比，巧說服人

人一旦固執己見、自以為是，或者沉醉入迷、心灰意冷的時候，往往很難聽得進別人的好心勸告，要想說服這些人，增強你的說服力，最理想的方法是運用類似的事例或行為，有意識地比較給對方聽，使對方警醒，改變原來的態度或做法。

用對方熟知的類似事例比較給對方聽

有道是：好了傷疤忘了痛。有時候，人們會忘卻從前的某些教訓。但是，切膚之痛畢竟還是切膚之痛，只要他人一言及，還是不難回想起來的。

此外，點明對方的行為有如某些歷史覆轍，對方也必然會為之所動。

劉邦消滅項羽爭得天下後，一次生病竟然整日躺在宮中，下令不見任何人。周勃、灌嬰等許多跟隨他征戰多年的元勛都不敢違命。然而，大將樊噲卻毅然闖進宮中去勸說劉邦不能這樣。樊噲對劉邦擲地有聲地說：

「想當初，陛下和我們起兵豐沛定天下之時，何等英雄壯志！現在天下初定，百廢待興，陛下竟這般精神不振！大臣們都為陛下生病惶恐不安，陛下卻不見大臣，不理朝政，而獨與太監親暱，難道就不記得趙高禍國的教訓嗎？」

這段發自肺腑的忠言勸告，尤其是後面一句用類比說出的問話，終於震醒了劉邦，使劉邦一躍而起，重理朝政。

用對方不知道的類似事例比較給對方聽

有些類似事例，甚至是頗具影響的事例，對方未必熟知。這就必須將其來龍去脈全部道來，有時還要畫龍點睛，附加切中要害的評論，從而幫助對方認清有關問題的性質，增強對方的自我醒悟能力。

1939 年，愛因斯坦（Albert Einstein）希望美國搶時間趕在納粹德國之前造出原子彈，便派薩克斯博士帶信去說服羅斯福總統。羅斯福看完愛因斯坦的信後，態度十分冷淡，不願由政府出面組織研發原子彈。第二天，薩克斯在白宮辭行的餐桌上，給總統講了一段類似的歷史事實：拿破崙在對英海戰中，由於拒絕採用富爾頓發明的新艦船，結果被英軍艦隊打得一敗塗地。接下來，博士對此評論說：

「要是拿破崙當時能採納富爾頓的建議，那麼，19 世紀的歐洲歷史，恐怕就將重寫！」

於是，羅斯福總統動心了，當即在愛因斯坦的信上簽署：「此事須立即付諸行動！」批准研發原子彈的「曼哈頓工程」。

用自行設計的類似行為比較給對方聽

如果對方一意孤行，執意要從事某種勞民傷財或具有荒謬性、危險性的行為，而你一時又找不到或編不出類似事例來說服對方，你就不妨動動腦筋，設計出一個簡明易懂的類似行為給對方看，讓對方充分了解到類似行為的荒謬性、危害性或驚險性，然後打鐵趁熱，將它與對方的所作所為連繫起來，促使對方改變初衷。

典故「危如累卵」就是運用這種方法說服別人的成功一例。

晉靈公貪圖享樂，竟然花費大量的人力財力建造九層之

臺，還規定誰也不能進諫，否則，當死不赦。荀息知道這事後，卻來求見靈公。靈公料他為諫而來，便張弓搭箭，只等他有半句諫言，就一箭射死。誰知，荀息只是笑著欲給靈公表演小技：在十二個重疊起來的小棋子上面，再加上九個雞蛋。靈公欣然同意；令其當眾表演看。

荀息疊好十二個棋子後，開始放雞蛋時，眾人及靈公無不驚訝：「這哪能成？險矣！險矣！」荀息卻不以為然地說：「這算什麼？還有比這更危險的呢？」荀息乘機沉痛地說：「九層之臺，造三年尚未完工，以致無人耕織，國庫空虛。況且鄰敵欲侵吞我們，長此下去，必將亡國，豈不更險乎？」

至此，靈公恍然大悟，自嘆「錯矣！」遂改之。

用自身經歷的類似事例比較給對方聽

事實勝於雄辯。耳聽為虛，眼見為實。親自目睹或體驗到的事實，最有說服力。對一些聽不進一般勸告的人，給其講述自己親身經歷的類似事件，讓對方親眼看看當年類似人如今是多麼風采，引導其從中作一番比較，往往能使人幡然醒悟。

三十幾年前，某女孩因考大學落榜，痛不欲生，準備爬山後跳崖自殺。一位帶著相機的年輕人看出了她的想法，便主動與她說話：「請問小姐，你要照相嗎？」「好啊。」女孩茫然地回答。「我先和你說個小故事，你不會介意吧？」年輕人友善地說，女孩卻似聽非聽。

「有個年輕人，幾次考大學都名落孫山，他感到絕望，想到了死。他寫信給報社，沒想到編輯對他真誠勸誡，熱情鼓勵，使他明白了考大學並不是人生唯一道路……他從此振作起來，開始自學新聞寫作。兩年後，他發表了許多作品，終於被一家報社聘為令人羨慕的記者。」

「張老師，記者招待會快要開了，走吧！」這時，女孩看見有人在招呼面前這位年輕人。

「謝謝！我馬上來。」年輕人看看手錶應了一聲。

「原來，您講的是您自己？」女孩心中豁然一亮，很快悟出了什麼。年輕人默默點頭走了，女孩走下巨石，開始了她的新生。

曲線交談，效果更好

在日常人際社交中，一般說，直言快語，是人的真誠所在，是受歡迎的。但有時候，效果並不佳，輕者損害人際關係的和諧，重者造成麻煩，違背言語交際的初衷。而有時有意繞開中心話題和基本意圖，即「兜圈子」，卻常能獲得較理想的交際效果。請看下列三例：

➤ 例（1）：一位年輕媳婦，見小姑穿上了件新的羊毛衫，猜想是婆婆買的，故意高聲對小姑說：「哇，真漂亮！從哪裡買來的羊毛衫？」婆婆在一旁答話：「從對門商場買的，

剛到的貨。我先買了一件，讓你們穿上試試，要是喜歡，下午再買一件，你們倆一人一件。」媳婦「顧左右而言他」，達到了目的。

- ➤ **例（2）**：一天，某教師早早回家做了一鍋紅棗飯。妻子下班回來，端起碗，高興地說：「這紅棗真甜，哪裡來的？」丈夫說鄉下姨媽寄來的。妻子不無感慨地說：「姨媽想得真周到，年年寄紅棗來！」丈夫說：「當然，我從小父母去世，都是姨媽撫養我長大的嘛！」妻子說：「她老人家這一生也真夠辛苦的。」稍停，丈夫忽然嘆了口氣，說：「聽鄰居說，姨媽的腸胃老毛病又犯了，我想……」「那就接來吧！到醫院好好治療。」不等丈夫把話說完，妻子說出了丈夫想說還未說出的話。

- ➤ **例（3）**：晚餐後，幾位年輕人去拜訪某教授。談到深夜，教授接著年輕人的話題說：「你提的這個問題很值得研究，明天我去參加一個學術會，準備就這個問題找幾位專家一塊聊聊。」幾位年輕人立刻起身告辭：「很抱歉，不知道您明天還要出差，耽誤您休息了。」

由上述例子看來，說話兜圈子，有時候確實是必不可少的，它能造成直言快語所不能造成的作用。

有語言學家曾說過兜圈子是一種說話的藝術。要正確運用這種藝術，首先要善於分辨言語交際的具體情況，做到當兜則

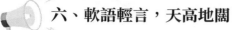

兜，不當兜還是直說為好。言語交際中兜圈子主要有如下幾種情況：

> 顧及情面，有些話不便直說，可以兜：比如婆媳之間、戀人之間、兩親家之間等，均是剛剛建立起來的情感，基礎欠牢固，交往中雙方都比較謹慎、敏感，言語中稍有差錯，都會帶來不快或產生誤解，造成矛盾。例（1）那位媳婦，如在娘家面對親生母親，大可不必兜圈子；但在婆婆家，面對婆婆，就不方便直說要東西了。而她的兜圈子，既達到了要羊毛衫的目的，又不失情面。

> 一出於禮儀，有些話不便直說，可以兜圈子：人們在言語交際中，十分注意話語的貼切、得體。私人場合、知己朋友，說話可直來直去，即使說錯了，也無傷大雅。在公共場合，對一般關係的人，特別是晚輩對長輩，下級對上級，對待外賓，說話就要特別講究方式、分寸。為了不失禮儀，說話就常兜圈子。例（3）那位教授的話，就與特定的交際場合、對象、自身的身分相稱，實現了和諧的溝通。試想，如果直言明天出發，改日再談，雖可以達到送客的目的，但卻易讓對方於較為尷尬的處境，也有失教授的形象。

> 一某個意思，直接挑明，估計對方一時難以接受，一旦對方明確表示不同意，再要改變其態度就困難多了：在這種

情況下，為了強調事理，征服對方，就可把基本觀點、結論性的話先藏在一邊，而從有關事物、道理、情感兜起。待到事理通暢、明白，再稍加指點，自能化難為易，達到說服對方的目的。例（2）那位教師就是針對這種情況而兜圈子的。如果他直言接姨媽來城裡治病，妻子不一定同意。而透過吃棗飯、談紅棗、憶舊情，事理人情雙關，形成了接姨媽的充分理由，水到渠成，所以不用自己講，妻子說出了他的心裡話。

➢ 有時候，由於對方的情緒、思想所致，難以與之進行交際，而要說服對方，就要想方設法與之接觸，開闢言語交際的資訊管道。兜圈子就常常能發揮開闢資訊管道的作用。如人們所熟悉的《觸龍說趙太后》，觸龍的言語成功就在於他採用兜圈子這種藝術手段。

準確運用兜圈子這種說話藝術，除了要善於區別交際活動的具體情況，做到當兜則兜外，還要了解兜圈子的一些常用方法，靈活地組織話語。從兜圈子所利用的事物、事理與中心話題、交際目的關係分析，主要有如下幾種：

➢ **因果法**：即從促使對方接受觀點，產生行為的諸種原因兜起。這種原因可以是事實，也可以是理論。例（2）那位教師兜圈子就是採用的這種方法。姨媽把教師撫養成人，姨媽每年捎棗，姨媽生病是因，接姨媽是果。

➤ **推論法**：即從與交際目的相關的事物兜起，讓對方由此及彼，或由表及裡推論出新的意思。例（1）那位年輕媳婦的話就採用了這種方法。兒媳稱讚小姑的羊毛衫，在婆婆心裡必然產生這樣的思考：兒媳誇小姑的羊毛衫，當然是自己也想要一件；兒媳也是自己家裡人了，應和女兒一樣看待，既給女兒買了，也應該給兒媳買，這是事理常情。所以那位聰明的媳婦，沒說要羊毛衫而得到了羊毛衫。

➤ **比照法**：即尋找與交際話題具有類比意義的事物兜圈子，兩相比照，語義明晰，或者兜而不發，令對方自悟，或者稍加點化。傳說鄭板橋早年家貧，一年除夕賒了一隻豬頭，剛下鍋，又被屠戶要了去轉手賣了高價。為此他一直記恨在心。直到後來到山東范縣做官，還特別規定殺豬的不准賣豬頭，自己吃也要繳稅，以示對屠戶的懲罰。夫人聞之，感到不妥。一天她捉到隻老鼠吊在房裡。夜裡老鼠不住地掙扎，鄭板橋一宿沒睡好覺。他埋怨夫人，夫人說她小時候好不容易做了件新衣裳，被老鼠啃壞了。鄭板橋聽後笑了：「興化的老鼠啃壞了你的衣裳，又不是山東的，你恨牠是何道理？」夫人說：「你不是也恨范縣的殺豬的嗎？」鄭板橋恍然大悟，隨吟詩一首：「賢內忠言實難求，板橋做事理不周。屠夫勢利雖可惡，為官不應記私仇。」鄭板橋夫人透過兩種事的比照兜圈子，而後畫龍點睛，說服鄭板橋。

> **雙關法**：即尋找與中心話題相關的具有雙重內涵的事物兜圈子，言在此而意在彼，獲得一種含蓄委婉的言語效果。比如：男孩和女孩暗暗相愛，都羞於直接表白。一天，兩人在田間相遇，女孩靈機一動，指著在花間飛動的蝴蝶問男孩：「你覺得為什麼只見蝴蝶戀花，不見花追蝴蝶呢？」男孩一時發呆，「花怎麼能追蝴蝶呢？」轉瞬明白了對方的意思，坦率地表達了對女孩的愛慕之情。這位女孩的無疑而問，自然令對方思考到其雙關意義，話語婉曲、巧妙，既實現了完美的感情達意，又不丟臉，不留人口實。

> **感情投資法**：即某一交際話題一時難於為對方接受時，根據對方的思想、興趣、職業等特點，先從本題之外的副話題兜起，待到言路通暢，再自然引入本題。《觸龍說趙太后》中，觸龍的話就是運用了這種兜圈法。

附帶說明，兜圈子有時能產生一種含蓄委婉的言語效果，但含蓄委婉的話卻並非全是兜圈子。兜圈子也不是猜謎語、說隱語，它是曲徑通幽，最終要讓對方理解自己的思想，如果兜來兜去，把對方引入迷魂陣，就不好了。再者，兜圈子這種說話藝術一定要慎用，當兜則兜，不然，兜之不當，會給人囉嗦、虛偽之嫌，與交際目的相背。

說話圓通「三字經」

如何才能具備真正的口才？各家自有各家的說法。我以為，把話說得暢達、圓通、精妙，作到「簡」、「快」、「誠」，無疑是最根本的要求，不妨稱為「三字經」。

「簡」就是平常我們聽到的「某某人有口才」，「某某人會說話」，往往與出口成章、詼諧生動連繫起來。這沒錯。可是，許多情況下，口才的好，好就好在話不多，極簡潔精練。為什麼？因為簡則易一言道破，簡則資訊傳遞快，簡則節省雙方珍貴的時間。來看幾個例子：

明代海瑞一次對仗勢侵奪民田的董其昌毫不客氣，公事公辦，而他的手下在具體執行時又更嚴厲。於是一些官員來替董其昌解圍，對海瑞說：「聖人不做過分的事。」海瑞只氣憤地說一句話：「諸公豈不知海瑞非聖人耶！」就把他們頂了回去。

元代有一年，京城外鬧飢荒，許有壬請朝廷發放救濟糧，同僚中有些人責備說：「你的話固然出於好意，但不是虧了國家嗎！」許有壬卻當即回了一句：「不對！民是本，不虧民，難道會虧國！」這簡明而深刻的道理把丞相也說通了，就發了四十萬斛救濟糧。許有壬一語救了許多百姓。

類似上述二例的妙語，我們在讀時聽時不難碰到。但要做到暢達而簡潔，並不容易。這不得單純的一個語言表達技巧問題，要靠多方面良好的因素。就拿答問來說，大凡能被智者一

言道破、一語中的者，對方的問話、言論往往有其破綻，或不合事實，或缺乏前提，或徒有其表，或片面狹隘。說話人只有從實際出發，只有善於運用辯證唯物法，才能識破綻，中要害。

「快」是人家問你問題，你隔了幾分鐘才悟出道理；人家說了個錯誤觀點，你想了好半天，才開口駁斥，這稱得上口才好嗎？「快」，至關重要。對人家的說話要點梳理得快，對問題的關鍵思考得快，對自己如何表達組織得快，才是善於言辭者的本領。

《清朝野史大觀》中有這麼一個故事：

在西元 1897 年德國侵略者強占膠州灣，民眾無比悲憤。有幾個人聚在一起談論此事，難過地流下了憂國的眼淚。其中有一個人卻說：「你們何必這樣呢！此事關係大局，有四萬萬人民共同擔著，我們幾個人何必擔憂呢。況且德國人無禮入侵，以後歷史自會做出公正的結論。而且世界之大，一切都由老天爺主宰，我們哭哭啼啼又有什麼用呢？」剛一說完，就有一個人憤怒地打了這個人一個耳光。他摀著臉問：「為什麼打我？」那人說：「你何必問呢？我打你一巴掌，是你整個身體遭受的恥辱，為什麼你的嘴嘮叨個不停呢？況且我如此無禮，將來自會有公論。而且凡事皆由天定，你怎麼知道我不會遭受報應呢？」

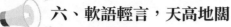

不難看出，這兩個人，一個是精神勝利法式的軟骨頭，一個是硬骨頭。而那愛國的硬骨頭簡直不假思索地當即打了前者一記耳光，跟著四句話，快得驚人：硬骨頭一下子理出對方的三條謬論，一下子看到了對方錯誤的實質所在，一下子採取了有力的駁斥方法，因而說得不僅很形象貼切，而且很有力，針對三點謬論，駁他個無地自容。

「誠」則是古人所說：「胸中具素心者，舌端斯有驚語。」這句話不錯。言為心聲，心純心誠，則言語暢達。言不由衷者，無論如何出不了奇言妙語。

從歷史記載看，宋代的王旦是個大度大方的人，寇準屢次在宋真宗面前數落王旦的短處，而王旦專門稱讚寇準。一次宋真宗對王旦說：「卿雖然老是稱讚他的美德，他卻專說卿的壞處。」王旦坦然地說：「這個理所當然，臣在相位的時間夠長了，處理政事方面的失誤必然很多。寇準對陛下無所隱瞞，揭我的短處，這更加可以看出他的忠正。這正是臣尊重寇準的原因所在。」宋真宗聽了感到這幾句話說得坦率而在理，因此，越發認為王旦品德高。「心誠則靈」用在語言表達上倒很相宜，要把話說得圓通漂亮，有說服力和感染力，就應讓你的話充分展現出你的「誠」，起碼的是「真誠」，有的場合還得「熱誠」。

寬人責己，社交境界

指責、自責和負責是人們對社交責任的三種不同的態度。我們把它們稱為責任三境界。境界不同，則人際社交的效果也不大一樣。其中指責最常見，而效果最差。

比如：小張和小王戀愛三個月，一帆風順，就因幾句話，非要一刀兩斷。幾經說和，二人才決定重新相處。要說幾句話也沒什麼，況且已經過去了。誰知，小張偏愛鑽牛角尖，哪壺不提提哪壺，「你本來給我的印象挺好的。」他指責小王說：「那天，你實在不該那麼說我媽……」一句話惹惱了小王：「我那麼說你媽！你是怎麼說我們家人的？……」話不投機半句多，使本來可彌合的感情，又拉開了距離，終致破裂。

在社交中，許多指責是固執、自私、自以為是、心胸狹窄、不負責任的表現，甚至是專橫和缺乏修養的表現。所以指責必然導致彼此的不滿、相互責難、關係緊張，以致「引火燒身」害人害己。假如我們面對一言半語或雞毛蒜皮的小事，相互寬容、諒解，或者讓它不了了之，那將是會避免多少的爭執、衝突和不愉快啊！

與指責相比，自責則顯得品高一級，技高一籌。據說，古代有一家在煮飯時燒焦了，按說這是極易生氣上火的事。可是聰明的大嫂先自責道：「全怪我，光顧蒸饅，沒看水多少。」二嫂也搶著說：「這怪我把火燒得太大了。」二哥忙笑道：「不！

怨我抱的柴太多了。」小妹不好意思地說：「是我添水添少了。」大哥卻安慰說：「嗯！怨我沒挑水！」

不用說，他們經過這麼一番自責，顧全了別人的體面，體諒了他人的心情，保護了對方的自尊，「你敬我一尺，我還你一丈」自然斬斷了引發家庭矛盾的導火線。自責將指責的「責人」轉為「責己」，由責難、發洩，變為寬容和尊重。使自己由局外人變為當事者，拉近了彼此的距離，易於協調人際關係。自責的出發點是與人為善，嚴以律己，寬以待人。而自責成敗的關鍵是個「誠」字，俗話說「心誠則靈」。所以它作為一種交際技巧，無疑首先展現的是人的美德。

自責使你息事寧人，與人和睦相處，甚至還可在矛盾發生後「亡羊補牢」。不過「亡羊」後再去「補牢」，不免有些遺憾，終歸有點「馬後砲」的意味。可見，指責不足取，自責也不盡善，為人處世還是持負責的態度最為理想。

七、充分說理，循循善誘

循循善誘是說理的智慧與藝術

魏王要建造一座很高很高的臺閣，它的高度恰好是天與地之間距離的一半，並將這座高臺取名叫「中天臺」。很多人知道魏王這個決定後，都覺得很荒唐，紛紛前來勸阻魏王。魏王感到非常生氣，他傳下命令說：「誰要再來反對我的決定，一律殺頭！」這樣，大家都不敢再說什麼了，只是在心裡著急。

一天，有個叫許綰的人背著筐，拿著鐵鍬到王宮來求見魏王。他對魏王說：「聽說大王要建一座『中天臺』，我願前來助大王一臂之力。」

見到這個前來幫助建造高臺的第一人，魏王感到很高興。魏王問他：「你有什麼力量能夠幫助我呢？」

許綰說：「我沒什麼了不起的力量，我只是能幫助大王您商量建臺的計畫。」

魏王連忙高興地問他：「你有什麼高見？快講來我聽。」

許綰不慌不忙地說：「大王您在建造高臺之前，得先發動大規模的戰爭。」

魏王很不理解地說：「你這是什麼意思？」許綰說：「請大王聽我分析。我聽說天地間相距 15,000 里，中天臺的高度是它的一半，那就是 7,500 里，要建 7,500 里高的臺，那麼臺基就得方圓 8,000 里。現在拿出大王的全部土地，也遠遠不夠做臺基的。古時堯、舜建立的諸侯國，土地一共才方圓 5,000 里。

大王要建中天臺，首先就得出兵討伐各諸侯國，將各諸侯國的土地全部占領。這還不夠，還得再去攻打四面偏遠的國家，得到方圓 8,000 里的土地之後，才算湊齊了做臺基的土地。另外，造臺所需的材料、人力，造臺的人需要吃的糧食，這些都要以億萬為單位才能計算；同時，在方圓 8,000 里以外的土地上，才能種莊稼，要供應數目龐大的建臺人吃飯，不知道還得要多大的土地才夠用。所有這些，都必須先準備好了，才能動工造高臺。所以，您應該先大規模地打仗。」

許綰說到這裡，魏王目瞪口呆，一句話也說不出來。後來，魏王當然是放棄了造中天臺的想法。

許綰勸說魏王，循循善誘，以理服人，使魏王明白自己所要建的「中天臺」只不過是毫無客觀基礎的盲目行為，它當然不可能實現。

齊景公非常喜歡捕鳥，他常常將捕獲的各式各樣的鳥養起來賞玩；還專門指派了一個名叫燭雛的人主管捕鳥的事。

有一天，燭雛不小心讓捕獲的鳥飛走了。於是齊景公十分生氣，他人發雷霆，準備殺掉燭雛。晏子知道這件事後，趕緊跑來見齊景公。他對齊景公說：「燭雛犯了罪，請讓我來一一列舉他的罪狀，然後大王按他的罪過來處死他吧。」

齊景公同意了晏子的請求。於是晏子派人把燭雛叫來，當著齊景公的面歷數燭雛的罪狀，說：

「大王派你專門看管鳥，你卻粗心大意讓鳥飛掉，這是第一條罪狀；你使大王因為鳥飛掉的緣故而殺人，讓大王背上殺人的名聲，這是第二條罪狀；如果讓別的諸侯王聽到這件事，認為我們的大王把鳥看得比人命還重，從此壞了大王威望，這是第三條罪狀。」

晏子一口氣列舉了燭雛三大罪狀後，請齊景公處決燭雛。

齊景公在晏子斥責燭雛罪狀的時候早已醒悟過來，他擺擺手說：

「不要殺了，不要殺了，寡人盛怒之下差點做了錯事，多虧愛卿指點。」

就這樣，齊景公不但沒有殺燭雛，還向他表示歉意，同時又向晏子表示感謝。

足智多謀的人在正面批評可能無濟於事的情況下，往往採取側面迂迴的辦法取得成功。

以理服人先要替對方著想

每個人都是喜歡以自我為中心的。你若能暫時放棄自我，而提出對方感興趣的問題，讓別人也發表見解，這將能使你在人際關係上左右逢源。只有在滿足別人心願的同時，你自己的心願才能得到滿足。

設身處地為對方設想

在與人交往的過程中，豁達而謙遜的人最受歡迎，他們自己可以不要面子，但永遠記得給別人面子，即使在說服別人的時候，他們也懂得站在對方的立場上考慮問題。

當個人問題變得極為嚴重的時候，從別人的觀點來看事情，也許可以減緩緊張。

伊麗莎白過了六個星期還沒有付買汽車的分期付款。一天，負責她買車子分期付款帳戶的一名男子打電話來，不客氣地告訴她說：「如果在星期一早晨之前，您還沒有繳出一百二十二塊錢的話，我們公司會採取進一步的行動。」

週末伊麗莎白沒有辦法籌到錢，因此在星期一的早晨她又接到了他的電話，他責罵了她一通。她並沒有發脾氣，並真誠地抱歉給他帶來了很多的麻煩，而且說：「由於這並不是我第一次過期未付款，我一定是令您最頭痛的顧客。」

但他舉出好幾個例子，說明好些顧客有時候極為不講理，有的時候滿口謊言，更常見的是躲避他，根本不跟他見面。伊麗莎白一句話不說，讓他吐出心裡的不快。然後根本不需要她請求，他說就算她不能立刻付出所欠的款額也沒有關係，如果她在月底先付給他二十元，然後在她方便的時候再把剩下的欠款付給他，一切就沒有問題了。

從這件事上，我們可以發現，如果你想改變人們的看法，

而不傷害感情或引起憎恨，那就試著從他人的觀點來看待事情。這樣就能使你得到友誼，減少摩擦和困難。別人之所以那麼想，一定存在著某種原因。查出那個隱藏的原因，你就等於擁有詮釋他的行為、他的個性的理由。如果你對自己說：「如果我處在他的情況下，我會有什麼感覺，有什麼反應？」那你就會節省不少時間並減少苦惱，並大大增加你說服別人的效果。

讓對方站在你的立場上考慮問題

說服別人無非是想讓對方按著你的邏輯行事，接受你的思想。但有時候，你已經口乾舌燥了，對方還是固執己見。這時，你可以把對方拉到你的處境中，讓他站在你的立場上考慮問題。也許頃刻之間，你們的意見就會達成一致。因為之所以會出現分歧，絕大多數是因為我們看事情的角度不同。只要找好了角度，也就找到了問題的所在。

小胡和男友小黃談戀愛時，過年時去小黃家拜年。她想把小黃的姐姐孝順父親的一瓶高級人參酒帶回自己家去。

小黃心裡很不樂意，但他最了解小胡，知道她愛面子，便把她拉到一旁，推心置腹地說：「這酒可是我姐姐對父親的一片心意。我父親當然沒有什麼意見，因為他只有我這麼一個小兒子還沒成家，給你家拜年大方一點也是應該的。可是你想一想，要是這事讓我姐姐知道了，她心裡會是什麼滋味？假

如你嫂子把我們送給她的東西拿去孝順別人，你心裡是什麼滋味……」

小黃一番至情至理的話說得小胡後悔地低下了頭，主動向小黃道歉。

言之有理一定要用事實說話

我們總想讓別人聽了自己的一番勸解後，立刻點頭叫好，改弦易轍，並稱讚你「一言驚醒夢中人」。事實卻並非如此。別人的看法、想法、做法，不是一天形成的。「冰凍三尺，非一日之寒」，因此要對方改變看法也非一日之功。即使對方當時表示心悅誠服了，回去細想後可能還會固執己見。所以，要想徹底地說服對方，你還要透過事實，把道理講得更透澈些。

> **採用有力的數據**：在勸說別人的過程中，統計數字和調查研究有很大的說服力。比如：「事故多發地段，請注意安全」和「這裡一個月有 3 個人死於車禍」，顯然後者的作用會大得多。當然，如果不是非用不可，統計數字應該盡量少用。要知道，如果數字成堆，往往會使聽者感到厭煩。

> **運用經驗和例證**：我們做事受個人的具體經驗的影響比受空洞的大道理的影響要大得多。對於一個病人來說，如果醫生勸她服用某種藥物，那麼即使醫生再三證明這種藥物有效，並且講了許多的藥理知識，病人總不免心存疑慮。

但如果醫生說：我自己也服過這種藥，只用一個療程就痊癒了。聽了這樣活生生的個人體驗，病人一定不會有顧慮。

➢ **論據要紮實**：什麼樣的論據才有說服力呢？這是個很值得重視的問題。一個很基本的要求就是論據要紮實可靠，不可使人產生不信任感。向聽者提供切實的資料比提供主張更有力。但對於一個猶豫不決的人來說，資料來源也是很有影響的，並且其影響之深不亞於資料本身。這並非因為人們只信任特定來源而不信任其他的來源，而是因為他們聽到引述的話來自十分可信的權威，便不會再為自己的成見辯護。這是一種非常奇妙的心理作用。不過，引述權威的意見也不宜過多。

誘導思想轉變是說理的原則

勸說別人有多種形式，而無論哪一種，都離不開誘導。

誘導的過程是說服對方的過程，也是對方的思想逐漸轉變的過程。所以，誘導便成為說服別人的一個重要環節。

一語道破式的誘導

一位父親得知兒子迷上賭博，便為他寫了一首戒賭詩，以詩說理規勸。詩曰：「貝者是人不是人，只因今貝起禍根。有朝一日分貝了，到頭成了貝戒人。」兒子看後，不解其意。

父親解釋道：「貝者是賭，今貝是貪，分貝是貧，貝戎是賊。

『賭、貪、貧、賊』是每一個賭徒的必經之路。」兒子聽了，幡然醒悟，棄賭從良，自食其力。這位父親勸子戒賭方法巧就巧在：第一，以詩勸子，方法新穎，讓兒子去思考其中的含義；第二，當兒子百思不解時，一語道破詩意，指出「賭博必定貧窮，強盜出於賭博」的道理，使兒子恍然大悟。這種一語道破的誘導方法往往能獲得較好的勸說效果。

有步驟地誘導

我們在做事之前心中要有個完整的謀劃打算。每一步如何誘導、如何發問，談話前都應經過深思熟慮。這樣，環環緊扣、步步深入，才能誘使對方在無法解決的矛盾面前自我否定。

講好大道理很重要的一點是應學會剝繭抽絲，逐步引導，層層深入，讓對方在心理上慢慢接受你所說的話。從理論上講，這種說服技巧符合心理學的基本規律；從實踐結果來看，只要運用得恰當巧妙，就能取得理想的說服效果。

有預料地誘導

在去說服別人之前，我們也可以進行一下預測。對方會怎麼講，講些什麼，我們應如何回答，都要考慮到。這樣才能有的放矢，使勸說獲得成功。

例如：方方同學的作業十分潦草。老師把他叫到辦公室，拿出一本字跡工整的作業遞給他說：「你看這位同學的作業寫得怎麼樣？」

方方看了一眼，沒說什麼。

老師又拿出一本字跡潦草、錯誤較多的作業給他看：「這本呢？」

方方說：「跟我的差不多。」

「你再看看這兩個作業本上的名字。」老師溫和地說。

這一回方方疑惑了：「都是李林林的？」

老師抓住時機，誠懇地說：「差的一本是李林林去年的作業，這一本是他現在的作業。你和李林林去年的情況差不多，但李林林經過半年的努力，能寫出工整漂亮的作業，老師相信你一定會像李林林那樣的。」

老師這段談話，言此意彼，既維護了學生的自尊，又達到了鼓勵他進步的目的。其實，這位老師已經預測出學生的每一個回答，然後他根據學生的回答順勢勸導，造成了較好的說服效果。

迂迴誘導

在日常生活中，說服的事情幾乎隨處可見。母親病了不肯到醫院去動手術，要靠說服；痴情女失戀痛不欲生，要靠說服；年輕人不求上進作風浮躁，要靠說服。

　　進行有效說服的一個較好的策略是採取迂迴戰術，不從正面入手。直接說服容易讓對方產生抵抗心理。所以，不妨從側面打開缺口。

　　在說服的過程中，不能只講大道理，但並不是就可以不講「理」，如果將道理講得具體生動，引人思索，讓他們覺得是這麼個道理，就能一步步循序漸進地將道理說明白。

　　採用迂迴論證法往往是因為問題複雜，或對方深懷敵意、居心不良，不便用一般手段對付。

　　有一個很不禮貌的觀眾在演出的幕間休息時，走到著名丑角演員杜羅夫身邊問道：「丑角先生，觀眾看起來對您十分歡迎啊。」

　　「還好。」

　　「是不是想要在馬戲團中受到歡迎，丑角就必須有一張愚蠢而醜陋的臉蛋呢？」他問得很尖刻。

　　「確實如此。」杜羅夫說，「如果我能有一張像你那樣的臉，我受歡迎程度一定能翻倍。」

　　那個挑釁的觀眾碰了一鼻子灰，只好心情低落地回到自己的坐席上。

　　杜羅夫並沒有給對方正面的回擊，而是採取了迂迴的戰術。實踐中，主要針對如下兩種情形：

　➤ 對方提出問題明顯，你不能如實答覆，也不便直接否定，

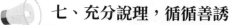

不妨借用對手的選擇做出「迂迴」的表象。

➢ 若對方的論證沒有理性，使你難以接受其觀點，不妨也非理性地提出對抗性的命題，對方必然要質疑，於是你就可以借他來求證，以反駁他原來的結論。

需要提醒的是，在使用「迂迴論證」法時，切忌把反擊簡單地落在「烏鴉說豬黑」，豬也說「烏鴉不白」那樣笨拙的反唇相譏上。

（5）以退為進式的誘導

所謂「以退為進」，就是先贊同對方的觀點，然後再提出自己的看法，並說服對方。

孟子有一次去拜見齊宣王。

宣王問他：「什麼樣的國王才能一統天下？」

孟子說：「有仁德的人。」

宣王又問他：「我算不算呢？」

孟子答：「算。」

宣王就問：「為什麼呢？」

孟子說：「我曾經聽說有個人牽了一頭牛和一隻羊經過您面前時，您問他：『做什麼去？』那人說：『去做祭品。』於是您叫住了那人，說只要用那頭牛就夠了。不知是否有這回事？」

宣王說：「有。」

孟子就問：「為什麼？」

宣王說：「我不忍心看著羊被殺死時那副可憐巴巴的樣子。」

孟子這時就說：「由此可見，您是有仁德之心的人。對一隻動物尚能如此富於慈悲，何況於普天下的老百姓呢？那一定是要減斂賦稅休養生息了！這樣的國王，怎能不一統天下呢？再說，也只有這樣的國王，才能一統天下！」

宣王聽後，沉思不語，深為羞慚。

原來孟子設下了一個大圈套，他繞著大彎子，就是要說服國王以仁治國，方可大展宏圖。可是他卻先讚揚宣王之仁德，再指出他實際上的不仁德，並說服他要仁德。這樣規勸巧妙而不露痕跡，效果很好。

由此可見，勸說抱有成見的人，需要掌握進退的分寸。當前進可能受阻時，就先暫時退讓一下。退讓之間便顯示了你對他的尊重，從而贏得對方好感，使其在心理上得到滿足，這樣再亮出你的觀點來說服他，就容易多了。

我們常見到有些人在說服他人時，一上來就攻勢凌厲、咄咄逼人，拿出一種壓倒一切的氣概。這樣，對方一般不會買帳，即使口頭上說「服」，心裡還是不服氣，所以，你不妨用一下以退為進的辦法。

七、充分說理，循循善誘

充分說理要攻破心理防線

　　說服別人最大的一個障礙就是攻克對方的心理防線，消除對方由於對你的誠意表示懷疑而產生的戒備。否則，這道防線將像一堵牆，使你的話說不到他的心裡去，甚至產生反感。

利用同步心理

　　什麼是同步心理呢？同步心理就是，凡事想跟他人同步調、同節奏，也就是「追隨潮流主義」，是那種想過他人嚮往的生活、不願落於潮流之後的心理。正是由於這種心理的存在，那種不顧自身財力、精力，甚至是否真心願意而豁出去做的念頭，就很容易乘虛而入，支配人們的行為，促使人們盲目做出與他人相同的舉動。

　　通常人們在受到這類刺激後就很容易變得沒主見，掉入盲目附和的陷阱中。所以推銷員或店員經常會搬出「大家都在用」或「名人也都用」等推銷話語，促使人們毫不猶豫地接受。

利用反抗心理

　　當別人告訴你「不准看」時，你就偏偏要看，這就是一種「反抗心理」。這種慾望被禁止的程度越強烈，它所產生的抗拒心理也就越大。所以如果能善於利用這種心理傾向，就可以將頑固的反對者軟化，使其固執的態度做一百八十度的大轉變。

如果在說服對方的時候，劈頭就說：「你這樣做不對。」對方一定會反感地說：「不，我絕對沒有錯。」但如果採取讓步的姿態說「也許我也有錯」時，對方的「反抗心理」也許就會產生作用，他會說：「不，沒那回事，其實我也有錯。」如果說「你確實是不對的，」這樣的話，通常會使對方產生一種潛在的反感心理，而當對方有了這種心理時，就只有放棄說服他的念頭了。

富蘭克林（Benjamin Franklin）做雷電實驗時，曾在自傳中提到有關利用「反抗心理」的論述，也就是「在說服別人時，首先必須非常穩重地敘述自己的意見，然後附帶地說：『這只是我的觀念，也許是有錯的。』如此一來，對方就會視你的意見為自己的意見，甚至當你表現出猶豫不決時，他還會反過來說服你。」

利用對方的危機感

在一定的條件下，每個人都會產生某種危機感，這種意識使他心生恐懼，並由此激發出強烈的要求上進的願望。如果你能掌握住他的這種危機感，就能有針對性地採用相對的對策。

以下是一個希望兒子考上大學的母親，為了改變兒子吊兒郎當的態度而與他進行的對話：

「小虎呀，考大學迫在眉睫了，你要加緊用功不可！你看看你，整天只知道彈吉他，這樣下去怎麼辦呢？唉，真不知

道你心裡是怎麼想的！」

「哼，怎麼想？我覺得讀不讀大學都無所謂。那些書呆子們拚了命考上一流大學，進了大企業，結果又如何？像爸爸，在公司做那麼久了，還不是一遇裁員就立刻失業啦！」

「話不能那麼說呀！雖然爸爸今天是被裁員了，可是這許多年來我們家的生活品質不都是在中等之上嗎？你想要的東西有哪一樣沒買給你？這些都是你爸爸的功勞，全都因為他考上一流大學，進了大企業的緣故呀！你想想看，要不是你爸爸，我們家會變成什麼樣子呢？根本就不可能像現在日子過得這麼舒服！」

「知道啦！可是我喜歡音樂，想試一試究竟自己能不能靠它闖出一條路來，就算不成功我也不會後悔的。」

「音樂？我知道你喜歡音樂，但只能把它當作一種愛好。因為要想成為音樂家是要有特殊天賦的。你確定自己有天賦嗎？就算你有天賦，還得加上不斷地訓練呢！而且你能玩上十年的音樂嗎？能嗎？」

「說的也是……但我還是想試試。」

「喜歡歸喜歡，放棄考大學而做音樂，畢竟太冒險了！」

「嗯，知道了。」

這位母親的說服相當成功。她巧妙地利用兒子自己對於放棄大學而專做音樂的潛在不安全感，讓他明確感受到危機。

在與人交流中如果你能洞悉他的內心，巧妙地刺激對方的隱情，使他內心的想法完全暴露出來，就能找到他的危機感。這個危機感就是你說服他的一把利器。

樹立共同敵人

在說服別人時，要懂得將小的共同點擴大，樹立「共同的敵人」，使對方有同仇敵愾的感覺。《孫子兵法》中有「吳越同舟」這麼一句話，原意是講吳國和越國本是敵對的雙方，但因同時面對魏國的威脅，在不得已的情況下，兩國只好盡釋前嫌，以對付共同的敵人。「吳越同舟」的故事就是由此產生的。

一旦出現了強大的共同敵人時，即使是敵對的兩方，也會搖身一變，而成為合作的對象。

其實，「共同的敵人」並不見得真的存在，但可以故意製造「假想的敵人」。當然，這必須具有高超的演技，如果演得不夠生動，反而會使對方產生反感。不過，為了能夠引導一個持相反意見的人反過來贊成自己的意見，這種方法值得一試。

掌握分寸，提升說理藝術

現實生活中常遇到這樣的現象，對方做事發生了偏差，甲去勸說，不但沒有說服，反使自己「惹火燒身」與對方發生了矛盾；而乙去勸說，三言兩語就將對方說得心服口服，痛快地

改正了錯誤。之所以會產生這樣截然相反的效果，關鍵在於說服的技巧與分寸掌握得是否恰當得體。所以，認真研究說服的藝術對於融洽人際關係，提升做事效果有著重要的作用。

一般來說，要使說服產生良好的效果要注意以下幾方面：

摸清情況，了解說服對象

在說服別人之前，一般要對對方的情況作客觀的了解。只有知己知彼才能針對不同的對手，採取不同的說服技巧。

例如：知識高深的對象，對知識性辯題抱有極大的興趣，不屑聽膚淺、通俗的話，應充分顯示你的博學多才，多作抽象推理、致力各種問題之間的內在連繫探討。

文化低淺的對象，聽不懂高深的理論，應多舉明顯的事例。

➢ 剛愎自用的對象，不宜循循善誘時，可以用激將法。

➢ 脾氣急躁的對象，討厭喋喋不休的長篇說理，用語須簡要直接。

➢ 性格沉默的對象，要多挑他發言，不然你將在五里霧中。

➢ 思想頑固的對象，對他硬攻，容易形成僵局，造成頂牛之勢，應看準對方最感興趣之點，進行轉化。

從語言了解對方，是取得勝利的關鍵。我們可以從言談的微妙之處觀察對方的性格特徵和內心活動。

　　性格剛強的人，很少使用「那個……」、「嗯……」、「這個……」之類的口頭禪；反之，小心謹慎、神經質的人常用這類語彙。日本語言心理學家三付侑弘認為，在談吐常說出「果然」的人，自以為是，強調個人主張；經常使用「其實」的人，希望別人注意自己，他們任性、倔強、自負；經常使用「最後怎麼怎麼」一類詞彙的人，大多是潛在欲求未能滿足。

　　透過對手無意中顯露出來的姿態，了解他的心理和性格，有時能捕捉到比語言表露更真實、更微妙的思想。

　　例如對方抱著手臂，表示在思考問題；抱著頭，表明一籌莫展；低頭走路，步履沉重，說明他心灰氣餒；昂首挺胸，高聲交談，是自信的流露；女性一言不發，揉搓手帕，說明她心裡有話，卻不知從何說起；真正自信而有實力的人，反而會探身謙虛聽取別人講話；抖動雙腿常常是內心不安、苦思對策的舉動；若是輕微顫動，就可能是心情悠閒的表現。

　　當然，對說服對象的了解，不能停留在靜觀默察上，還應該主動偵察，採用一定的對策，去激發對方的情緒，這樣才能夠迅速準確地掌握對方的思想脈絡和動態。

注意禁忌，掌握說服分寸

　　施行勸導說服，是為了造成激勵鬥志、撫慰創傷、協調關係、導向引路的作用，就其本質而言，它是一種與人為善的美好情操，也是社會成員應該履行的道德義務。然而，為什麼有

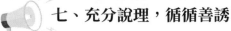

的人懷著一片誠意，苦口婆心地進行說服，到頭來不僅得不到對方的感激，反而受到周圍輿論的譏諷和指責呢？其根本原因是犯了勸導說服之大忌。

■ 忌激化矛盾

大量的說服事例表示，因說服而使矛盾更加惡化了的情況，主要有兩類：

➤ 第一類是強化了對方本來就不該有的消極情緒，從而火上澆油，擴大了事態。

➤ 第二類是「惹火燒身」。因說服方法不當，激怒了對方，使對方把全部的不滿和怨恨情緒都轉移到了你身上，你成了他的對立面和「出氣筒」。

經驗告訴我們：要成為一個有修養的說服者，就要有涵養、有博大的胸懷和寬厚仁義的氣質。遇到上述情況絕不可為了顧全自己的面子而反唇相譏，以牙還牙，使玉帛變干戈。

■ 忌急於求成

人們常說，善弈棋者，每每舉一而反三。做別人的溝通也好比下棋，也要珍視這「三步棋」的做法，要耐心細心，再三斟酌。如果條件不具備就急於求成，不瞻前顧後，總想一勞永逸，其結果往往是事倍功半，「成」效甚微，甚至把矛盾惡化。

■ 忌反常批評

必須努力克服以下幾種不正確的批評方式：

> 批而不評式。
> 阿諛奉承式。
> 隔靴搔癢式。
> 褒貶對半式。
> 自我否定式。
> 自我吹噓式。

　以上幾種不正確的批評方式，均屬於說服的「敗筆」。要想使說服達到轉變對方態度、修正對方錯誤的目的，就應該正確運用批評的武器，切忌簡單化和庸俗化。

■ 忌官腔官調

　要克服官腔官調，最主要的是應該增強普通人的意識，以普通人的姿態出現在人們面前，徹底改變那種高高在上、唯我獨尊、主觀武斷的官僚作風和指手畫腳、發號施令的作風。

　還必須注意堅持實事求是的態度，慎用套話，加強語言表達能力的培養。

■ 忌空洞說教

　要避免空洞說教，尤其要從以下三個方面下功夫：
　道理要人轍合拍；思想觀點要明確；語言要樸實新穎。

七、充分說理，循循善誘

■ 忌不分場合

如果不分場合，信口開河，不管人前人後，指名道姓地施行對人說服，效果往往不佳；搞不好還會出現與說服者的良好動機截然相反的說服結果。

運用技巧，加強說服效果

➢ **迂迴誘導法**：像古代觸龍說服趙太后納諫就是一個迂迴誘導的成功例子。

➢ **以退為進法**：說服是要堅持原則的，但是如果以為只有一直進攻絕不後退才是堅持原則，這也是不妥當的。局部的後退是為了全局的進攻，適當的退讓會讓對方感到你是通情達理的，這為你進一步說服創造了條件。

➢ **逐步遞進法**：一個聰明的妻子要說服丈夫戒菸，先動員他把每天抽兩包以上減為每天一包，之後又說服他兩天抽一包，直至完全戒菸。如果期望過高，實現時困難較大，可以把它分解成幾個小目標，逐步遞進，這樣對方容易接受，效果反而顯著。

➢ **正反論證法**：這樣做，說理比較透徹、全面，可以贏得被說服者的信任。而且，也反駁了對立的觀點，在邏輯上更顯得無懈可擊，也更具說服力。

➢ **情感激勵法**：要說服某人或某團體完成一項艱巨的任務

時，情感激勵法往往比一般的命令要有效得多。比如：學校決定把疏通校園角落水溝的任務交給 3 班，這任務比一般清潔打掃艱巨得多，3 班學生對此不滿。如何才能說服他們呢？

你可以這樣說：「你們知道校方為什麼要把這個艱巨的任務交給我們嗎？因為我們班是全校聞名的『最乾淨班級』，歷次衛生檢查都得滿分。我相信，這次一定也不會辜負校方的希望，出色地完成這個艱巨的任務！」很顯然，這樣激起了同學的自尊也燃起了他們的熱情，從而達到了你說服的目的。

說服別人的有效策略

管理者說服別人的有效策略是什麼呢？

注重感情

人是十分珍視感情的，在人與人的接觸和交往中，感情的作用十分重要。在說服人的時候，首先要創造一種平和、溫暖或是熱情、誠懇的氣氛。有人說，再雄辯的哲學家也不好說服不願改變看法的人，唯一的手段就是先使他的心變軟。其道理就在這裡。在說服對象排斥感比較重的情況下，先讓他們發洩一下是對的。發洩不只是情緒的宣洩，而且，可以讓他們在原來的路上往前走得更遠。這時，因為事情已經過火、過頭，也

因為走得越遠，錯誤越容易暴露，他們自己便會意識到自己的錯誤。這樣，自己就把自己說服了。

先順後逆，先退後進

心理學有個「名片效應」，是說與人接觸，先要向人家介紹自己的情況，讓人家了解自己，取得信任。心理學還有個「自己人效應」，是說與人接觸，要取得人家的信任，就應該先讓人家認可你是他的「自己人」。我們採用這種先順後逆的說服方法，的確可以消除對方的對立情緒，拉近雙方的心理距離，引出認同感。

當兩個方面對立起來的時候，再在對立的觀點、認知上說服，就很難獲得效果了。但是，你轉換一下思維的角度，取其可取之處、可揚之光加以肯定，先轉化對方的心理和情緒，然後再進行理性說服，這就容易有效果了。

先退後進是說，要先按被說服者的思維線路和行為途徑往前推，一直推到錯誤處，以此得出結論 —— 此路不通。這樣，站在對方的思想和行為的角度說理，就容易被接受了。

激發動機

美國的門羅教授提出了一種激發動機的五步法。一是引起對方的注意，主要是要善於提出問題。二是明確你需要什麼，把說服對象引到他自己的問題上來。三是告訴他怎麼解決，拿

出具體的解決辦法。四是指出兩種前途，即是不同的兩種結果。五是說明應採取的行動，這便是結論。這種方法實際上也是站在對方的立場上說服對方，是從對方的動機出發，先在動機上尋求一致點，再去求同存異。

尋找溝通點

這即是如何引起對方注意，善於提出問題。

實際上，無論在心理上、感情上，還是在理性上，我們都可以找到雙方的共鳴之處，即溝通點。共同的愛好、興趣；共同的性格、情感；共同的方向、理想；共同的行業、工作等等。這都是很好的溝通媒介。事情往往是這樣的，對方哪怕是向我們這方邁過一小步，他們的立場、態度、認知，都會發生顯著的變化。

歸納法

這是一種提供多種事實，讓對方自己去分析、歸納的方法。對有對立情緒的人，採用具提出事實，不給結論的方法，容易被接受。

對比法

擺出正反兩個方面的事實，讓對方自己去判斷是非曲直，或讓他們跟著我們一起去判斷對錯。這也是一種好方法。

同理換位法

我們站到對方的位置上，或使對方站到我們的位置上。這樣容易相互理解、體諒。有一句話：「擠上車的人往往會改變態度。」這話是有道理的。

以大同求小同

在具體問題上發生分歧，把問題停留在具體問題上，事情往往不好解決。如果把這個問題挪到相關的，如目標、理想這樣的高層次上，我們就容易找到共通點。自然有共通點，又是大共通點，統一認知、看法，事情也就好辦了。

利用興奮點

就是利用人們最關心、關注、引起人們興趣、興奮的事情，把這些事情和我們要說的事情連繫起來，以此來激勵、刺激人們的理性、心理，以便獲得說服人的效果。這需要我們動腦筋，善於尋找那些確使人興奮的事情。

拿出權威的數字

心理學有個「權威性偏見」，是對權威產生的一種過度崇拜的評價性偏見。人們聽到、看到權威的，往往是好的東西，並不了解他的另一面，所以會產生盲目性。問題是，人們並不很清楚這一點。你用權威的話說，人們就信服；你拿出權威的

數字，人們就很少提出疑問。這樣，在一定的條件下，適當引
用權威的語言或材料，也能造成說服的作用。比如：「事故多
發地段，請注意安全」和交警提醒您「這裡一個月有 3 人死於
車禍」，顯然，後者的作用會大得多。

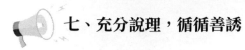 **七、充分說理，循循善誘**

八、巧言說理，妙語服人

正話反說，妙用雙關

有些話，直接說可能會使對方不能接受，為了避免尷尬，不妨從反面說起。

漢武帝劉徹有位乳母，也就是人們常說的奶娘。這位乳母在宮外犯了罪，被官府抓了，並稟告漢武帝。漢武帝心中十分為難，畢竟是自己的乳母，滴水之恩當湧泉相報，何況自己是吸吮她的乳汁長大的。但是，王子犯法與民同罪，如果不處置，有失自己天子的尊嚴，以後何以君臨天下。想來想去，漢武帝決定以大局為重，依法處置自己的乳母。

乳母深知漢武帝的為人，知道自己凶多吉少，便想起了能言善辯的東方朔，請求東方朔能夠幫自己一把。

東方朔也頗感為難，他想了想說：「辦法也有，但必須靠你自己。」

乳母急切地問：「什麼辦法？」

「在你被抓走的時候，要不斷地回頭注視武帝，但千萬不要說話，這樣你也許還有一線希望。」

乳母雖不解其中玄機，但還是點了點頭。

當傳訊這位乳母時，她有意走到武帝面前向他辭行，用哀怨的眼神注視著武帝，幾次欲言又止。漢武帝看著她，心裡很不是滋味，有心想赦免她，又苦於天子金口玉言。

東方朔將這一切看在眼中，知道時機成熟了，便走過去，

對那位乳母說：「你也太痴心了，如今皇上早已長大成人，哪裡還會再靠你的乳汁活命呢？你不要再看了，趕緊走吧！」

武帝聽出了東方朔的弦外之音，又想起了小時候乳母對自己的百般疼愛，終於不忍心看乳母被處以刑罰，遂法外開恩，將她赦免了。

東方朔一番反彈琵琶終於救了乳母，同樣齊國的晏子也深諳此道。

晏子的語言智慧，可以說是流芳千古的了。有一次，齊景公的一匹愛馬突然病死，他遷怒於養馬人，下令將養馬人推出去斬首。

在場的晏子聽說後，他略一思索，便跪到齊景公面前數落起養馬人的「罪狀」來了：「大王，您想處死養馬人，應該先讓他知道，犯了什麼罪才行呀！現在讓我來列舉他的三條罪狀，請您聽一聽。」

齊景公點頭同意，晏子便對著養馬人高聲說道：「你為君王養馬，卻把馬養死了，這是第一條罪狀；死掉的這匹馬，又是君王最喜愛的，所以又增加了一條罪狀；因為馬的死，君王要處死你，這消息如果讓老百姓知道了，他們就會怨恨君王，讓鄰國知道了，他們就會看不起齊國，讓君王背上一個重馬不重人的惡名，這不是你的第三條罪狀嗎？你犯下如此三條大罪，就應該處以死刑。」

齊景公聽完這些話，覺得晏子是句句衝著自己來的，頓有

所悟地說：「把養馬人放了吧！別損害了我仁愛的名聲。」

晏子的話表面上處處順著景公的心意，口口聲聲數落馬伕的罪狀，而實際上卻是字字句句諷刺齊景公，從反面申述齊景公的錯誤，點出殺掉馬伕的危害是「積怨於百姓，示愚於諸鄰。」

這種蘊含大義的弦外之音，齊景公當然還能聽得出，只好釋放了馬伕。

遇到不可理喻的人，善辯者總是一反常態，採用正話反說的方式，在虛順實逆、明褒暗貶的語言怪招中，收穫正面說理難以出現的奇效。

現實生活也常常存在這樣的情況。正面的語言交往已不能進行或難以奏效，也就只好先以反話切入，再找機會平反。

某企業待遇苛刻，下級職員苦不堪言。

在經濟緊縮、差事難謀的情況下，又不好「一怒之下，摔冠而出」，只好多次向老闆進言，但均無功而返。

一天，某部門經理靈機一動，想了一個計策，決定在老闆面前試一試。

他對老闆說：「公司員工都表示待遇太低，生活太艱苦，別的花費暫且不說，每月上班的交通車馬費，也不勝負荷，叫他們如何解決呢？」

老闆說：「叫他們走路上班，不花錢，而且藉此還鍛鍊了身體，不是一個好辦法嗎？」

經理搖搖頭表示不行：「走破了鞋襪，搞不好還沒錢換新鞋呢？我倒有個建議，希望老闆出一布告，提倡打赤腳運動，要求大家打赤腳上下班，問題不就解決了嗎？誰叫他們命運太差，偏偏生活在這個時代！誰叫他們不去想發財的門路，偏偏來我們公司上這樣辛苦的班！他們坐不起公車，也不能鞋襪整齊地到公司來，都是活該！」

部門經理一面說，一面笑，弄得老闆也不好意思起來，只好答應調整一下待遇。

妙語雙關法運用之妙，展現在利用語義等的各種條件，有意識地構建在特定環境中語意的雙重性，且兩層意義都有實在性，但存在隱顯和輕重之別。

下面我們不妨看一看文藝作品中運用語義雙關法的例子。《三國演義》裡寫曹操率百萬大軍南下，諸葛亮到東吳幫助周瑜部署以少勝多的赤壁之戰。整個部署很周密也很順利，充分展現了周瑜的才能，但當周瑜想到眼下是隆冬時候，風向不對，將影響到整個計畫時，竟然病倒。諸葛亮洞若觀火，去探望周瑜，兩人有一段對話，亮問瑜為什麼會病倒，瑜答：「人有旦夕禍福，豈能自保？」亮笑著說：「天有不測風雲，人又豈能料乎？」這是一句入木三分的雙關妙語。因為「天有不測風雲」與「人有旦夕禍福」本是並用的兩句成語，瑜用其一，亮再用其二，配對協調，似乎平常，但這一句卻正中周瑜心病的症緒。周瑜也是絕頂聰明的人，所以聞言失色，後面亮的

「必須用涼藥以解之」、「必須先理其氣」、「亮有一方」，直至「此都督病源」，連周瑜想進一步詢問的「欲得氣順，當服何藥？」「先生已知我病源，將以何藥治之？」這都是具有表裡不同的意義，而又你我皆知的話中有弦外音的雙關語。這一段文字，由於連用雙關語，在整個談話過程中，誰也不率先挑穿點明，雖然諸葛亮索來紙筆，退去左右後的十六字密書，揭了謎底，但雙方對答，始終明來暗往，仔細咀嚼，極富幽默機智的情趣。

經常為人引用作為「語義雙關」，卻情況有所不同的例子，是《紅樓夢》裡寫黛玉見寶釵勸寶玉不可喝冷酒這一段。寶玉聽了寶釵的話，令人把酒燙熱了喝，這時恰巧黛玉的丫鬟雪雁送小手爐來，黛玉立刻借題發揮：「誰叫你送來的？難為她費心。哪裡就冷死我了呢？」這裡的「她」和「冷」都是雙關語，「她」表面指紫鵑，實際指寶釵，「冷」表面指自己手冷，實際指寶玉的冷酒。雪雁沒聽懂，回說：「紫鵑姐姐怕姑娘冷，叫我送來的。」黛玉更進一步發揮：「也虧了你倒聽她的話！我平時和你說的，全當耳邊風；怎麼她說了你就依，比聖旨還快呢？」這裡的「你」和「她」又是雙關語，指代轉換，「你」表面指雪雁，實際指寶玉，「她」表面指紫鵑，實際指寶釵。寶玉當然聽得懂，但是因為這是雙關語，表面的意思的確無可非議，至於實際的意思，只能領會，說不出口，所以他「也無回覆之詞，只嘻嘻地笑了一陣罷了」。

　　這一段文字相當傳神，它集中表現了黛玉的性格，這性格一方面是聰慧過人，另一方面卻是心胸狹窄、尖刻孤傲，所以黛玉說話雖然機智，對於當事人來說並不具備幽默的特點，但作為旁觀者，即我們讀者卻能從中咀嚼到一點幽默意味，因為雙關語一般都有一點幽默的意味。從此看來，幽默不是屬於林黛玉，而是屬於這部書的作者曹雪芹。

順水推舟，出其不意

　　運用順水推舟是在論敵的攻勢面前，要掌握其意圖和要害，表面上因勢順從，實際上是借敵力為我力，引誘對方孤軍深入，一直走向荒謬的極端；然後，出其不意地突然逆轉，集中火力殺回馬槍，使對方突然受到當頭棒喝而暈頭轉向，失去招架之功。

　　出其不意是說辯論中的一方根據需求突然改變自己的觀點和立場，或是承認對方的論點，而得出利於己方的結論，使對方感到不知所措的答辯技巧。

　　在菲律賓的總統競選中，總統馬科斯攻擊艾奎諾夫人「沒有經驗，不懂政治」。對此，柯拉蓉・艾奎諾（Corazon C. Aquino）並不諱言自己是家庭主婦，也承認對政治問題不甚了解。但是，她接著反守為攻地提出：「對政治我雖然是外行，但作為圍著廚房轉的家庭主婦，我精通日常經濟。」

她的這一句話，一下子把矛頭對準了執政黨的要害之處。在當時的菲律賓，工廠的開工率僅為 49%，人口總數的 60% 的人處於失業或半失業狀態。物價暴漲、民怨鼎沸，政局動盪不安，加劇了經濟的進一步惡化，維繫民眾生存的「日常經濟」更是糟糕透頂。柯拉蓉・艾奎諾以菲律賓經濟狀況的事實為依據，闡明自己的觀點，對馬科斯進行直接反駁，一針見血地指出了對方問題的癥結所在，贏得了選民的支持。

以子之矛，攻子之盾

　　有人認為，在辯論中應變要設法逼對方掉進你設的陷阱，使之無可自拔。如果對方一掉入陷阱，就要馬上採取還擊行動。有時當對方因退縮或招架無力，也出盡了「牌」，你就亮出你的「王牌」，一舉逼使對方陷入進退不得的困境。

　　歐布利德斯（Eubulides）是古希臘一個有名的詭辯家，他在某個大公那裡任職。

　　一天，他對他的同事說：「你沒有失去的東西，那麼你就有這件東西，對嗎？」

　　他的同事回答說：「對呀。」

　　歐布利德斯接著說：「你沒有失去頭上的角吧？那你的頭上就有角了。」

　　大公聽了他們的爭吵，心生一計，決定利用這種方法來整

治善於詭辯的歐布利德斯。他對歐布利德斯說：「在我的城堡裡，你沒有失去坐牢的權利，是嗎？那麼，就讓你享受三天這種權利吧！」於是，歐布利德斯被關了三天禁閉。他真是有苦說不出，只有自認倒楣了！

俗話說，「智者千慮，必有一失」。恃才傲物的人最容易犯了以下的毛病。在開始時，容易小看對方，以為自己只要開口，來個「先發制人」，就能成功，沒想到由於對方介意在心，回敬「以子之矛，攻子之盾」，反而會搶了先手。這時候，不該心慌意亂的一方看出對方不易就範，可能會亂了招數，加速敗北。

有一次，後唐莊宗外出打獵竟然隨意踐踏老百姓的莊稼，當地縣令在莊宗馬前懇切陳詞，為民請命。莊宗大怒，叫縣令滾蛋，並揚言要殺掉他。

敬新磨抓住縣令說：「你身為縣令偏偏不知道我們天子好打獵，還讓老百姓去種莊稼，繳賦稅！為什麼不讓老百姓餓著，把這片地空出來，讓我們天子來自由馳騁？你真是罪該萬死！」說罷，建議莊宗立即處以極刑。莊宗聽後深感自己的舉動有失民心，馬上放了縣令。

又有人提出，到了緊要關頭，非說明己意不可時，可採取我覺得這件事該這麼做的招法；這一招比任何方法都管用，使對方不知不覺中掉入你預設的陷阱。如此，離成功也就不遠了。

綿裡藏針，釜底抽薪

　　和別人說話、辯論是非曲直，如果面紅耳赤，唇槍舌劍，雖然也可能達到不打不相識的效果，但那畢竟是不得已的事情，並且常常容易出現彼此都難免動氣的話，這就很可能成為人際關係破裂、關係惡化的兆頭。

　　然而，人與人之間以和為貴，如果好話當作惡話說，即便不至於導致事業失敗，至少落得不會說話和人緣極差。假如你面對的聽話對象是你的頂頭主管，或是與你的事業興衰成敗密切相關的對手，那怎麼與他們說話就更應該十分講究。綿裡藏針，是外表柔和，內含剛健，使人有刺痛之感且不露痕跡。例如：英國首相邱吉爾是一位能言善辯、風趣幽默的政治家。一位女議員對邱吉爾說：「如果，我是你妻子的話，我會在咖啡裡放毒藥。」而邱吉爾答道：「如果你是我的妻子的話，我會喝掉它。」另有一次，在邱吉爾脫離保守黨，加入自由黨時，一位媚態十足的年輕婦人對他說：「邱吉爾先生，你有兩點我不喜歡。」「哪兩點？」「你執行的新政策和你嘴上的鬍鬚。」「哎呀，真的，夫人。」邱吉爾彬彬有禮地回答道：「請不要在意，您沒有機會接觸到其中任何一點。」

　　在這裡，邱吉爾便巧妙地運用幽默的語言藝術來擺脫尷尬的場面。儘管其外在形式是溫和的，但這種溫和之中蘊含著批判，使用了「綿裡藏針」的技巧，讓對方雖然惱怒，卻又不便

發作，具有特殊的力量。

美國總統林肯的容貌很難看，常被人們嘲笑。一次，有人當面說他是兩面派，他答道：「我要是有兩副臉孔，就不會以這醜陋的臉孔對著你了。」

孫中山先生旅日期間，有一天，日本右翼浪人頭目頭山滿邀請他和陳少白到東京的一位朋友家聚會，並找了些一流的藝妓作陪。中山先生既不喝酒，也不談笑，總是埋頭看書。頭山滿問他：「您覺得在座的女人哪一個最漂亮？」

「都很漂亮。」中山先生漫不經心地答道。

「其中誰最漂亮？」頭山滿再問。

「都一樣的漂亮。」中山先生又答道。

這時頭山滿指著坐在孫中山旁邊的女人說：「是不是這個最漂亮？」

頭山滿以為孫中山一定會說「是」。

然而孫中山再三端詳之後卻說：「我想，十年前她一定比現在更漂亮。」

大家聽了一個個大笑起來。

「綿裡藏針法」的運用常常跟餵小孩子吃苦藥的道理一樣，要用糖衣包著藥片，或者搭配糖水送服，招術因人而異，竅門卻一通百通。

「抽薪止沸，斬草除根」的原理，運用在語言交流中，可以成為一種充滿智慧的語言技巧。

無論在談判桌上還是在辯論臺前，都會碰到咄咄逼人或是氣勢洶洶的對手，其語言攻勢如同鍋中熱水，往往達到了沸騰的程度。面對這種情況，舌戰的當務之急是抑制對方逐漸高漲的氣勢，而抑制的最佳方法就是抽去「鍋下的柴火」，從根本上解決問題。

　　這種為許多人所熟悉的釜底抽薪法其關鍵就在於找出「薪」的存在，然後斷然「抽」之。論點全部來自論據，是建立在論據基礎之上的，論據屬實，則論點正確；論據虛假，則論點謬誤。所以只要你善於從對方的論點中分析出其虛假論據之所在，那就如同釜底抽薪，刨根倒樹，所有論點就會被你反駁。正如古人所云：「故揚湯止沸，沸乃不止；誠知其本，則去火而已矣。」

　　有一人自認為對佛學的研究很深，大談輪迴報應，並警告人們不要輕易殺生，凡是殺過牛和豬的人，來生便做牛和豬，所以，對待螞蟻之類也要仁慈。

　　聽眾中當即有人反駁：「那還是殺人好了。」眾人問為什麼，他回答說：「按這種說法，哪怕來生報應也還是做人呀！」那人一下子被駁得啞口無言。此人的論點是「不要輕易殺生」，論據是：「殺牛殺豬就會變牛變豬。」旁人依其邏輯推論：「要想來世變人，就得殺人。」然而這是非常荒謬的，由此可見那人的論據必然站不住腳。論據虛假，論點如何能成立？看來，釜底抽薪確實是舌戰中一招制勝的高招。

巧釋逆挽，借力巧辯

一次智力競賽搶答會上，主持人問：「三綱五常中的『三綱』指的是什麼？」一名女同學搶著答道：「臣為君綱。子為父綱，妻為夫綱。」在慌忙中她把三者關係正好弄顛倒了，引起鬨堂大笑。

女學生意識到這一點後，立刻補充道：「笑什麼？我說的是新『三綱』。」她接著解釋說：「現在，是人民當家作主，人民才是主人，而領導者，不管官有多大，皆是人民的公僕，這不是『臣為君綱』嗎？很多夫妻都只生一、兩個孩子（甚至有些都不生），這些孩子都成了父母的『小皇帝』，豈不是『子為父綱』嗎？現在，許多家庭中，妻子的權力遠遠超過了丈夫，『妻管嚴』、『模範丈夫』四處流行，豈不是『妻為夫綱』嗎？」話音未落，同學們對她的機智應變都抱以熱烈的掌聲。

從上例中可以看出，如能巧妙地隨機應變，對突然出現的變故作一番別出心裁的解釋，不失為一個挽救危局化逆勢為順勢的良策。

但是，巧釋逆挽的語言技巧不僅須有機敏冷靜的頭腦，還要有淵博紮實的知識作基礎，所以，平日裡應多磨練涵養，以備不時之需。

巧辯是不直接用自己的話來與對方爭辯，而是借用對方的言論或他人的言論來作答，從而改變對方，達到自己的目的。

接過話頭，反唇相譏

接過話頭、反唇相譏法是在受到語言攻擊的情況下，及時、巧妙地利用對方講話內容中的漏洞、或套用對方的進攻套路來反擊，回擊惡意的挑釁，解脫自身的窘境。

英國大作家蕭伯納身體瘦長。在某次晚宴上，一個肥胖的富翁嘲笑他說：「哈哈，蕭伯納先生！一見到你，我就知道目前世界上正鬧飢荒。」

蕭伯納迎頭反擊：「先生，我一見到你，就知道世界上鬧飢荒的原因。」

這則故事適時地採用了反唇相譏的戰術。你可以借用對方的某些語句，借助比喻、誇張、反諷等修辭手法，來給予致命痛擊，以揭露醜惡，戲弄無知。

可以說，這是一種快速反應的智慧，是一種機智。

它的表現是受攻擊時保持冷靜，冷靜中敏捷反擊，反擊時一劍封喉。這種戰術最能展現人的機敏和語言的靈活性，是說話高手盡情顯露自己才華和風采的最佳手段。春秋時期晏子使楚的故事，就十分典型地展現了晏子在突然遇辱的情況下迅速反擊、巧言善辯的才能。晏子為齊國出使楚國，是在楚強而齊弱的情況下成行的。剛到楚國，楚王便命侍者讓矮小的晏子從大門旁邊的一個小門進入。

面對這種侮辱人格和國格的鬧劇，晏子的反擊自然是十分

犀利的，他當即聲明：「出使狗國的人，才從狗門入。現在我出使楚國，不應該從此門進入吧！」

此語一出，對方自然自討沒趣。因為如果再讓晏子進小門，等於是自認楚國為狗國，因而只好打開大門，讓晏子昂首而入。然而侮辱還沒有結束。在為晏子舉行的宴會上，楚王又發難：按照預謀捆綁著一個人，當面指責是齊人在楚國為盜。

晏子又一次面臨複雜的局面，因為這種並非真實的偶然事件，卻是以已經發生過的真實的形式表現出來的，因此儘管晏子知道這是對齊國和他自己的嚴重挑釁，但是在無法弄清事實的情況下，又必須做出不辱國家尊嚴的解釋。

晏子是在退一步假定被縛者是為盜的齊人的前提下進行反擊的。

他先用一個比喻：「橘生淮南則為橘，生於淮北則為枳，」指出它們發生變化的原因是「水土異也」，以此來說明「今民生長於齊不盜，入楚則盜」，原因是「楚之水土使民善盜。」

這種高明的駁斥令晏子在片刻之間變被動為主動，使楚王陷入無法申辯、尷尬不已的境地，結果，晏子終於取得了出使的全面勝利。

由此可見，及時、機敏、有效的反擊，確實是舌戰中堅硬的語言盾牌。論辯中的接過話頭、反唇相譏法，多是為了批評、嘲笑、諷刺和挖苦對方。這種譏諷，一般是承接對方的講話內容，借用其中的語句，反手一擊，點明對方的謬誤本質。

這種以其人之道還治其人之身的方法，就是用對方的觀點制服對方，用對方的方法擊敗對方，讓對方搬石頭砸自己的腳。猶如你正和敵人作生死決鬥，敵人一不小心將自己的一柄利劍鬆手丟落在地，你馬上拾起來刺向敵人一樣。

金庸的武俠小說《天龍八部》中描寫了武林好手慕容復的看家本領是：以彼之道，還施彼身。其實，這招也能應用在說話技巧上！

偷換概念，邏輯論證

在法庭辯論的過程中，常常會遇到對方提出偽證的情況，這時怎麼辦？此時最重要的是要掌握實際情況，用嚴密語言邏輯來揭穿對方的謊言。林肯就是用這種方法駁倒福爾遜的。

林肯在當美國總統之前，是一位有名的律師。

一次，他有個老朋友的兒子小阿姆斯壯，被人指控謀財害命。原告收買了福爾遜做證人。福爾遜賭咒發誓說他親眼看到被告開槍擊斃被害者。被告有口難辯。

林肯主動擔任了小阿姆斯壯的辯護律師。

他仔細研究了全部案卷，調查了現場，掌握了全部事實，然後，要求開庭複審。

開庭時，林肯首先問證人福爾遜，你是否親眼看見被告開槍殺人：

「你認清是小阿姆斯壯嗎？」

福爾遜回答：「是的。」

林肯問：「你在草堆後面，小阿姆斯壯在大樹下，相距有二三十米，你能看得清楚嗎？」

福爾遜說：「看得很清楚，因為當時月光很明亮。」

林肯又一次強調地問：「你肯定不是從衣著等方面認清的嗎？」福爾特再一次回答：「不是從衣著方面看清楚的，我肯定是看清了他的臉蛋，因為月光正照在他的臉上。」

最後，林肯問證人：「具體時間也能肯定嗎？」福爾遜說：「完全可以肯定，因為我回到屋裡時，看了時鐘，那時是 11 點 1 刻。」

說完這些，福爾遜鬆了一口氣，因為林肯不再提問。

「這個證人是一個徹頭徹尾的騙子！」林肯不容置疑的口氣使舉座皆驚，林肯接著說：「他一口咬定 10 月 18 日晚上 11 點他在月光下認清了被告人的臉。請大家想一想，10 月 18 日那天是上弦，到了晚上 11 點，月亮早已下山了，哪裡還有月光？退一步說，也許他時間記得不十分精確，時間稍有提前，月亮還沒有下山，但那時月光應是從西邊往東邊照射，草堆在東，大樹在西，如果被告臉朝大樹，月光可以照到臉上，可是證人就根本看不到被告的臉。如果被告臉朝草堆，那麼月光只能照在被告的後腦勺上，證人又怎麼能看到月光照在被告的臉上呢？又怎麼能從距離二三十米的地方看清被告的臉呢？」

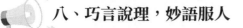

林肯的辯論，蘊含如下推論：

如果證人的話是真的，那麼就不應該與實際情況相矛盾。

既然與實際情況相矛盾。（或者，在10月18日晚上11點；這時是不見月亮的，或者更早一些，這時也是根本不可能見到「月光照在被告的臉上。」）

所以，證人是一個徹頭徹尾的騙子。

在場的人們沉默了一會兒，接著掌聲、歡呼聲。證人福爾遜傻了眼，被林肯駁得張口結舌，無地自容，法庭宣告被告無罪釋放。林肯的辯護取得了勝利。從此，他成為當時美國不負眾望的著名律師。

我們分析這一案例，就會看到，林肯之所以能夠扭轉不利的局面，最後取得這場法庭辯論的勝利，重要的是他掌握與案情有關的極為關鍵的情況，並借嚴密的邏輯論證說明了證人證詞的虛假，揭穿了對方的謊言。由此可以看出，論辯中，掌握事實非常重要，但嚴密的邏輯論證亦很重要。所以說，嚴密的邏輯論證是法庭應變口才的必備技巧之一。

欲擒故縱，以謬制謬

欲擒故縱法，即先假定對方的觀點是對的，然後合乎邏輯地推出荒唐可笑的結論，簡言之為引申歸謬，設真推假。

據說明朝時，四川的楊升庵才學出眾，中過狀元。因嘲諷

過皇帝，所以皇帝要把他充軍到很遠的地方去。朝中的那些奸臣更是趁機要公報私仇，向皇帝說，把楊升庵充軍海外，或是玉門關外。

楊升庵想：充軍還是離家鄉近一些好。於是就對皇帝說：「皇上要把我充軍，我無話可說。不過，我有一個要求。」

「什麼要求？」

「任去國外三千里，不去雲南碧雞關。」

「為何？」

「皇上不知，碧雞關呀，蚊子有四兩，跳蚤有半斤！切莫把我充軍到碧雞關呀！」

「唔⋯⋯」

皇帝不再說話，心想：哼！你怕到碧雞關，我偏要叫你去碧雞關！楊升庵剛出皇宮，皇上馬上下旨：楊升庵充軍雲南！

楊升庵採用「欲擒故縱」的方法，粉碎了奸臣的打算，達到了自己要去雲南的目的。

日本大銀行不允許職員留長髮，因為留長髮會給顧客留下頹廢和散漫的印象，有損銀行的形象。

有一次，一家銀行的經理和人事部主任接見一批經過筆試合格的考生，發現其中有不少留長髮的男子。為了能使這些留長髮的考生都剪短髮，人事部主任在致詞時，沒有正面提出要求，而是充分運用了他傑出的口才和幽默感，只說了幾句話，便使留長髮的考生愉快地接受了他的意見。

他是怎麼說的呢？

人事部主任留著陸軍式的短髮型，他說：「諸位，敝行對於頭髮的長短問題，歷來持豁達的態度，諸位的頭髮只要在我和經理先生的頭髮長度之間就可以了。」

眾人立即把目光投向經理，只見經理先生面帶笑容站起來，徐徐脫帽——露出了一個光頭。

人事部主任使用的就是欲擒故縱法，他的本意是要求考生們都留短髮的，但他卻不直接說出來，而是故意表現出一種豁達的態度，似乎他們的要求並不高。

表面上看來，銀行對於頭髮長短問題歷來持「豁達的態度」，好像是「縱」，實際上，「諸位的頭髮長度只要在我和經理先生的頭髮長度之間就可以了」，卻是「擒」。他是用不同的語詞表達了同一個概念。

邏輯學常識告訴我們，有時同一個語言在不同的語境中，可以表達不同的概念；有時不同的語詞在同一語境中，卻可以表達相同的概念。人事部主任所說的兩句話，表達的顯然是同一個概念，他們都具有完全相同的含義。

這種欲擒故縱法，很有效力，一是增加了幽默感，從而使他的要求更易於為對方所接受。因為心理學理論告訴我們，同一要求，採用不同的方式表達，其客觀效果是不一樣的。二是先放後收，使對方難以討價還價，只得照辦。

說到以謬制謬，忽而讓人想起有這樣一則外國幽默笑話：

歐倫斯庇格走進一家飯店想吃飯，因為等了許久肉還未烤熟，只好吃了一些麵包後就躺在烤爐旁的長凳上打盹。當烤肉端上桌時，店家請他就餐，他卻睡眼惺忪地說：「你在烤肉時我都聞飽了。」店家便端著托盤要收他的肉錢，理由是他說已聞飽了肉味，所以也應該付吃肉一樣多的錢，於是歐倫斯庇格掏出一枚銀幣，扔到長凳上，對店家說：「你聽到了錢的聲音了嗎？」店家回答說：「聽到了。」他馬上抓起銀幣，放回錢袋，對店家說：「你聽到了我的銀幣發出的響聲，正好夠付我聞你的肉味的錢。」店家啞口無言了。

這段對話中，歐倫斯庇格一句誇張性的氣話被店家抓住以去，當作一種合理的強盜的邏輯，有仿擬的意味。店家以為透過這樣的仿擬，該貪得便宜了。殊不知「道高一尺，魔高一丈」，歐倫斯庇格既能導謬，又能制謬，其後一句對店家的回答，可謂以謬制謬，「謬頂絕倫」。

以謬制謬的推理過程是這樣的：在明知對方的論點是錯誤的前提下，先假定對方的錯誤是正確的，以對方的「正確」為前因，構成一個充分條件的假言判斷，由對方的「正確」作為前提條件引申出一個荒謬的後果；以此推理，否定後果必否定前因；因此從後果的荒謬推演出前因的荒謬。

有一天，有個地主在家裡喝酒。正喝得高興的時候，酒壺裡沒酒了，他連忙喊來長工去買酒。

長工接過酒壺問：「酒錢呢？」地主很不高興地瞪了長工

一眼：「有錢買酒算什麼本事？」

長工拿著酒壺默默地走了。過了一會兒，長工端著酒壺回來了，地主暗自高興，接過酒壺。可一看，壺裡是空的。地主對長工喊：「怎麼沒有酒？」這時長工不慌不忙地回答道：「壺裡有酒能倒出酒來算什麼本事？」

長工為了反駁地主：「有錢能買酒不算本事」的觀點，先假設地主的觀點是正確的，然後由此推出一個新的「有酒能倒出酒來不算本事」的觀點，給地主以沉重的打擊。

以謬制謬法在論辯中如果運用得好，就能發揮一錘定音的功效。運用時關鍵在於大腦反應快，能迅速明確對方話中的原理，並由此推出一個符合這個原理的荒謬的事例。

下面再看一例：

美國獨立戰爭勝利後，有一條法律條文規定，當選議員的人至少要擁有 30 美元的財產資格。政治家和科學家富蘭克林反對這一條文。他駁斥說：「想當議員的人須有 30 美元以上的財產資格，可不可以理解為這樣：我有一頭驢，牠恰好值 30 美元，因為擁有牠，我當上了議員。可是一年後，我的驢死了，我的議員資格也就沒有了。請問，這究竟是誰在當議員？是作為人還是作為驢的代理人在當議員？」

把驢這個蠢貨與神聖的法律條文扯到一起，很絕，暗示了這個法律條文的制訂者和驢子一樣蠢。如果這一條文的荒謬性不易直接得以洞見的話，透過歸謬，得出了議員竟成了驢的代

理人，其錯謬則暴露無遺。

以謬制謬反駁關鍵是要選擇好進攻點，尋找出對方論題中最荒謬的論點作為突破口，把對方荒謬的論點展開推理，使其結果更為荒謬。

巧設圈套，甕中捉鱉

到了辯場上，由於雙方均被鑲上了競爭的色彩，那麼，辯場便也成了一個小社會，一個有圈套的社會。在辯論場合，沒有圈套就很難定出誰輸誰贏。只要是對手，雙方都會自然地想給對方設置圈套。於是，只要是辯論，你也圈套，我也圈套，圈來圈去，就看誰先陷進去，誰要是先陷進去，誰就要有麻煩。設圈套的技巧主要為了矇蔽對手，使對方在你所預期的某種圈子內不明不白地往裡陷。這一陷就正中你下懷了。我們常見的辯論場合中的圈套戰術有兩難戰術和誘敵戰術兩種。

兩難戰術

在論戰過程中，只列出兩種可能性的情況，使得對手自願地從中選擇，然而不論對手選擇哪一種，得出的結果都對他不利，除此以外又別無選擇。這就必然使對手陷入進退維谷、左右為難的境地，完全落入「我」方的控制之中，這種論辯方法稱之為兩難戰術。

兩難戰術是一種神奇的雄辯絕招。其主要特點是運用兩個條件命題和一個析取命題為前提進行推演的論辯方法。因此雄辯者必須使用預先設定好的推演形式，注意所使用的條件命題必須是雄辯者本身心中有數的，析取命題必須將某方面的情況列舉完全。

有時候，辯論雙方彼此都想用兩難戰術來制服對手。在此情況下，先手者則獲主動，但後手者也未必就無藥可治，只要你能有信心支撐，那麼，當對手先用兩難戰術時，你未嘗不可透過構成一個相反的兩難選擇，「以難攻難」，針鋒相對地駁斥對手。

從前有一個皇帝心血來潮，向全國宣布說：「如果有人能說出一件十分荒唐的事，並讓我說出這是謊話，那我就把我的江山分給他一半。」

不久來了個農夫，挾著一個斗。

農夫說：「萬歲欠我一斗金豆，我是來討回金豆的。」

皇帝吃驚地問：「一斗金豆？我什麼時候欠的？你分明是在撒謊！」

農夫不慌不忙地說：「既然你已經說出這是謊話，那您就給我一半江山吧！」

皇帝急忙改口：「不，不，這不是謊話。」農夫笑笑：「不是謊話，那就還一斗金豆吧。」

上例中的這個皇帝窮極無聊，自作聰明，結果反被一個普通農夫的聰明所算計。從對話中可以看到：農夫善於運用懸念進行引誘，想出一個讓皇帝看起來簡單，而實際回答起來較難的兩難推理，使皇帝不知不覺地上了當。

誘敵戰術

誘敵亦即誘敵深入。從詞義上理解，誘敵本身就是極具圈套的意味。辯論和兵法一樣，需要講究戰術。誘敵戰術可謂辯場上常常可以制敵的一種戰術。不過這要看自己和對手現場的實際交鋒情況視機而定。

論辯，常常會碰到實力很強的對手，但有時也會碰到蠻不講理者，甚至還會遇到憑藉權力以勢壓人者（指生活中）。對此，雄辯者可巧設圈套，投以誘餌，引誘對方往小胡同或你預先設好的「埋伏」裡鑽，一旦條件利於己時，給對方來個「一鍋端」。

從前有位漁民，不幸喪生。他的兒子決心繼承父業，像他父親一樣冒著風浪繼續在海上打魚。有個自以為聰明的人向他發難。

聰明人：「你的父親不是被大海淹死了嗎？」

小漁民：「是的。」

聰明人：「那你為什麼還到危險的海上去捕魚呢？」

小漁民：「你的爸爸是在哪裡死的呢？」

聰明人：「他呀，他是死在家裡的床上的。」

小漁民：「那麼，你為什麼還要天天睡在那危險的床上呢？」

從上例辯詞來看，聰明人和小漁民二人究竟誰更聰明？回答當是不言而喻的。對話最終導致的結果無疑是聰明人被小漁民駁倒了。既然被喻之「聰明人」，怎麼也會聰明不過一個小小的漁民？

原因很簡單，聰明人反被聰明誤，以為小漁民無聰明才智可言，結果正是這一點被小漁民利用了。小漁民用的計謀，自然是「誘」字，把對方張口即能回答的問題轉瞬間就引申到他抓耳撓腮也找不到正確的結果來。所以說，這段對話的精彩之處應該在於：「你爸爸是在哪裡死的」一句。透過這一問，使對方不知不覺地上鉤。這時，漁民的兒子輕巧地一反駁，那聰明人一下就傻了。

使用誘敵深入戰術，關鍵是要「誘」得好，「誘」得巧，「誘」得讓對方「不知其計」而乖乖中計。

誘敵深入的方法不僅如上所述能使對手陷入被動，俯首稱臣，還能使對手在步步上鉤的過程中不知不覺地否定自己，達到不戰而屈人之兵的良好效果。

孟子的朋友陳相受農家許行的蠱惑，拋棄了儒家學說，改信奉農家觀點，反對社會分工，盛讚「與民並耕而食」的滕國

國君，很明顯，這是思想的倒退。孟子深感痛惜，只好委婉以勸。他首先從陳相的崇拜者許行談起。孟子問陳相：「許行是自己種糧吃飯嗎？」「是的。」陳相回答。孟：「許行必定自己織布做衣服？」陳：「不是。」孟：「許行戴的帽子是他自己織的嗎？」陳：「不是。是用糧食換的。」孟：「許行為什麼自己不織布呢？」陳：「因為耽誤種田。」

　　孟：「許行做飯用鍋、種田用農具嗎？」陳：「當然。」孟：「那他的鍋和農具是自己做的嗎？」陳：「也不是。也是用糧食換來的。」

　　孟子接著說：「用糧食交換炊具和農具，許行是這麼辦的，這當然不算是農夫妨礙製陶工和冶鐵工；那麼反過來，製陶工和冶鐵工用其產品去換取糧食，難道就說是妨礙了農夫嗎？許行既然反對社會分工，他為什麼不自己動手做陶器、做農具呢？為什麼還用糧食與百工交易？」面對這一連串質問，陳相不由自主地說道：「百工之事，本來就不能一邊種田，又一邊做工呀！」

　　孟子見陳相承認了社會分工這個事實，就接著說：「你講得很對嘛！做工與務農屬於合理的社會分工，難道偏偏當國君的就得一邊種田一邊治理天下嗎？統治者的事和勞動者的事，這都是社會分工的不同。」

　　談話到此，陳相心悅誠服。

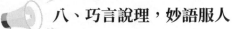

許行、陳相反對社會分工和商品交換的主張是倒退的謬論。

為了駁倒這個謬論，孟子從日常生活出發，從許行穿衣、戴帽都離不開交換這個事實出發，反覆詰難、連環誘問，把對方引導到否定自己的結論上去，巧妙地改變了對方的立場，達到了說服的目的。

綜上所述，巧設圈套是辯論中一個重要的戰術方法。只要有人與人發生口角的地方或多或少地都會有圈套的辯機蘊含其間，只要你留意，你就會發現，原來圈套戰術是制敵的一種不可多得的手段。生活中不能少，辯手就更需掌握了。

左右逢源巧言說服他

麥啟士德巧說正宗

埃及國王薩拉丁（Saladin）連年用兵，國庫空虛。一天，他急需一大筆錢，無法籌集，便想起了猶太富翁麥啟士德。可是又不好強迫他，薩拉丁於是想了一個圈套。

國王把麥啟士德請來，殷勤款待，對他說：「久聞先生非常博學，對於各種教義有著深切的了解，所以我想向你請教：在猶太教、伊斯蘭教、基督教這三者之中，到底哪一種才算是正宗呢？」

　　薩拉丁得意洋洋，專等麥啟士德上當。他想，無論麥啟士德說哪一種是正宗，都必然惹怒另外兩家教會，那就可以借助教會懲治他，使他拿出錢來；而他如果說不知道，那麼或者說他欺矇國王，或者說他不配在這裡居住，照樣可以治罪。總之，他無論怎麼說，錢都得拿出來。

　　可麥啟士德卻精明得很，他一聽這話就知道了其中的奧妙，靈機一動，回答道：「陛下提的問題非常有意義，要回答這個問題，請容我先講個故事：

　　「從前有個大富翁，家裡藏有許多珍寶，其中最心愛的是一個名貴的戒指，視為傳家之寶。他在遺囑上寫明，凡是得到這個戒指的，便是他的繼承人。這個戒指傳了好幾代，傳到了某一個家長手裡。他有三個兒子，個個都有才德，他對他們一樣鍾愛，因此不知道把戒指傳給誰才好。後來他請了一個巧匠，仿造了兩個戒指，跟原先的一模一樣。父親死後，三個兒子都拿出一個戒指為憑，要求當繼承人。由於三個戒指一模一樣，究竟誰應該成為家長，始終無法解決，直到現在還是個懸案。

　　「所以，陛下，信奉這三種宗教的人也跟這情形一樣。他們都認為自己是天父的繼承人，自己的教是正宗。可是究竟哪一個是正宗，跟那三個戒指一樣難於判斷。」

　　國王聽了，再想不出理由迫使麥啟士德拿出錢來，精心設下的圈套，就這樣被麥啟士德巧妙地化解了。

李桂姐巧賺吝嗇鬼

《金瓶梅》中西門慶在勾欄裡梳弄了李桂姐，他的一班狐朋狗友謝希大、應伯爵、祝日念等，連日陪西門慶在那裡飲酒作樂，自然都是西門慶出錢。這一日剛端上茶，窮極無聊，有人便提議每人有詞的唱個詞，沒詞的講個笑話。該謝希大先說，於是他看著李桂姐講道：

「有個泥水匠在院中摶土，老媽怠慢了他些，他便暗暗在陰溝裡堵了個磚。後來下雨時，積得滿院子都是水。老媽慌了，把他找來，多與他酒飯，還稱了一錢銀子，央他打水平。那泥水匠吃了酒飯，悄悄去陰溝內把那個磚拿出來，院裡的水登時出得罄盡。老媽便問泥水匠，這原來是哪裡的毛病？泥水匠回道：『這病與您老人家病一樣，有錢便流（暗諧留客），無錢不流（留）。』」

眾人聽了一齊笑，原來是嘲弄桂姐一家的。桂姐接著說：「我也有個笑話回奉列位：有個孫真人擺著宴席請人，卻叫座下老虎去請，那老虎在路上把客人一個個都吃了。不一會兒老虎回來，真人便問：『你請的客人都往哪裡去了？』老虎口吐人言：『告師父得知，我從來不曉得請人，只會白嚼人，就此一能。』」

眾人聽罷，原來是挖苦他們一班，只是架著西門慶胡作非為，吃蹭酒喝蹭茶，不覺臉紅到耳朵根子，只好硬充好漢：

「你說俺們只是白嚼人，就不會請人嗎？」每人拿出一份心疼錢，請桂姐等吃喝一頓了事。

八、巧言說理，妙語服人

九、情理交融，借情言理

有理有情，感人才能說服人

一個年輕人因名落孫山想自殺，村裡的一位老漢這樣勸他：「如果都像你這麼想，我早該死了！我都70歲了，一輩子光棍一條。但我心裡還是熱情的，想多活幾年！因為我覺得活著還是有意思的。我用這雙手種過五穀、種過樹、修過路……我種下一棵樹時，心裡就想，我死了，後人在那棵樹上摘果子吃，他們就會說，這是以前村裡的光棍老漢種下的……」

這位老漢透過自我人生體驗的解剖，激起了年輕人活下去的信心與希望。因為這種方式給人以推心置腹的平等感、親切感和信任感，從而走進對方的心裡，讓他接受你及你的觀點。

現身說法為什麼會有如此之強的說服力、感染力？因為以自己親身的經歷和遭遇勸導別人，感受真實，情真意切，容易引起對方的情感共鳴，這比只講大道理當然更易說服人。

孫叔敖是楚國的相國，廉潔清正。死後，家徒四壁。他兒子孫步安貧困無依，靠替人背柴來維持生活。

藝人優孟很同情他，就穿上孫叔敖的衣冠，摹仿他活著時候的言談舉止，搖頭晃腦地在楚王面前唱道：「貪官不可做而可做，廉吏可做而不可做。貪官所以不可做，因為他行為汙濁卑鄙，可子孫卻享不盡榮華富貴。廉吏所以可做，因為行為高尚無比，然而一朝身死，家貧子孫乞食棲荒野。勸君勿學孫叔敖，楚王不念前功勞。」

　　莊王看了他的表演，聽了他的歌聲，感動得潸然淚下，當即召見孫叔敖的兒子，把寢丘封給他做采邑。

　　傑出的說辯者在辯說過程中十分重視人情入理，缺乏情感的，往往不能使人動情。只有賦予議論以感情，才能發揮鼓動、激勵、引導的作用。

　　以情感人的方式，除了將情感融入議論之中外，還可以借助於各種形象，透過視覺感受去打動對方，如表情、手勢、圖畫、表演等。以視覺材料的展示配合人情入理的說服，往往能獲得更好的效果。

用友好的態度以理服人

　　假如某事使你怒不可遏，你可能會將怒火一泄為快，但你是否想到對方此時此刻的心情？他能和你共享這種心理上的滿足嗎？憤怒的語氣和不友好的態度能迫使他同意你的觀點嗎？

　　威爾遜這樣說：「如果你想以拳相待，那我同樣也以牙還牙。假如你說：『讓我們坐下來一起研究一下這個問題，如果我們有分歧意見，則可以分析一下分歧的原因。』這樣一來，我們就會很快發現我們之間的分歧並沒有嚴重到拳腳相見的地步。相反，我們會發現在很多問題上我們的意見是一致的，只要我們對自己加以克制並對他人以誠相見，就一定會找到共同語言。」

沒有任何人能像洛克斐勒（John Davison Rockefeller）那樣如此欣賞威爾遜的這些觀點。

1915 年，在科羅拉多人們最仇恨的人就是洛克斐勒，美國工業史上規模最大的罷工浪潮在這個州持續了兩年。礦工們要求富勒煤鐵公司提升工人薪資。當時該公司經營者是洛克斐勒。憤怒的罷工者砸壞機器，拆毀設備，因此導致了軍隊的干預並發生多起流血事件。

就在人們對洛克斐勒充滿憤恨的時候，他卻決定把罷工者爭取到自己一邊來，並且真的做到了這一點。他是如何達到目的的呢？首先，洛克斐勒用了幾個星期的時間謀求與罷工者建立友好關係，爾後向罷工工人代表發表了熱情洋溢的講話。他的講話真可稱之為演說傑作。它產生了奇妙的效果，緩和並阻止了向他襲來的仇恨浪潮。在這次講話之後出現了一批洛克斐勒的崇拜者，部分罷工者隻字未提為之而長期鬥爭的、提升薪資的要求，便恢復了生產。

下面就是這篇演講傑作的開頭，請注意其中有多少和善友好的話語。請你不要忘記，洛克斐勒是在和幾天前想把他絞死的人講話。儘管這樣，他還是表示極大的誠懇和友好，甚至比在一群傳教士面前講演表現得還誠懇。他在講話中運用了感人肺腑的語言。他說：「朋友們，我今天能為在你們面前講幾句話而感到自豪。我已拜訪了你們的家庭，見到你們的妻室兒女，可以這樣說，我們現在在這裡相聚的不是局外人，而是朋友！」

「今天是我一生中值得紀念的日子，我為能和這個大公司的工人代表、職員和管理人員第一次在此相會而感到榮幸。請相信，我為此而自豪並永遠記住這一天。假如我們相聚在兩個星期之前，對你們中的大多數人來說我還是個陌生人。因為那時僅有幾個人認識我。在拜訪了你們的家庭並已和你們當中的不少人進行交談後的今天，我可以有把握地說，我們是作為朋友在這裡相聚的⋯⋯」

這難道不是洛克斐勒化敵為友的一篇典型演講嗎？

假如洛克斐勒採取另一種方法，那麼結果又會如何呢？如果他據理力爭，擺出一大堆力求證明這些礦工是無理的材料，即使他能夠駁倒對方，那他也是一無所獲。仇恨和憎惡會越積越深。

假如一個人對你無任何好感或對你懷有敵意，那麼無論你採用何種方法也不會說服他同意你的意見，更不會把他爭取到自己一邊。

那些總愛嘮叨的父母、專橫的管理、喜歡獨斷專行的丈夫和固執己見的妻子都應明白，人們是不願改變自己意願的。對於他們不願做的事情，一定不要強求。但如果對他們以禮相待並講究些策略，那麼還是可以達到自己目的的。

林肯曾這樣說過：「有這樣一句話，一滴蜜比一大桶膽汁引來的蒼蠅更多。這種比喻同樣也適用人。如果你想讓人支持你的某一觀點，首先要使他認為你是他的知心朋友。要知道，

『一滴蜜』就可以使你博得他的好感，說服他同意你的意見。」

有這樣一個寓言，說的是太陽和北風爭吵，雙方都說自己有本事。「我可以證明我的本領比你大。你看見那個穿大衣的老頭了嗎？我敢說，我讓他脫掉大衣比你讓他脫掉大衣更快。」北風說。

太陽躲進了雲層。北風就開始用力地吹，很快成了一陣旋風。但風颳得越大，老頭大衣裹得越緊。北風終於停下來認輸了。太陽露出向著老頭微笑，老頭馬上就脫下了大衣。此時太陽對北風說：「善良和愛撫總要勝過仇恨和暴虐。」

所以，讓人接受你觀點的第四條準則是：「用友好的語調開始講話。」

若想以理服人，先要以情感人

美國管理大師彼得‧杜拉克曾說：「沒有人曾經靠爭論說服任何人。你用以爭論的事實和理由像是百分之百鐵一般的強硬，你或許是世界上最好的律師，儘管這樣，如果他不願同意，你絕不會說服任何人。你會用最荒謬的爭辯來反對，而他就是不服。不要急躁，要鎮靜和虛心，重要的是贏得他的心，而不是他的智力，那麼你可能有使他贊成你的希望，但絕不要透過冷漠的推理和爭論。」

白居易說：「感人心者，莫先乎情。」先動之以情，然後

曉之以理，這是說服人的有效方法。兩個人之間存在著感情隔閡，他本能地對你有排斥感，即使你這時有千萬條道理，他也聽不進去。只有先動之以情，縮小彼此間的距離，使其覺得你不是站在他的對立面對他進行說教，而是在與他交心。這樣，彼此間就由相互排斥轉化為相互容納，在此基礎上，曉以大義，申之利害，便能獲得較理想的效果。觸龍說趙太后，採用的就是這個方法。

　　無數著名的政治家，他們特別注意培養自己說話、演講的真切情感。美國著名政治家林肯是其中代表之一。林肯說過：「一滴蜂蜜比一加侖的膽汁能吸引更多的蒼蠅。人也是如此，如果你想贏得人心，首先讓他相信你是最真誠的朋友。那樣，就像有一滴蜂蜜吸引住他的心，也就是一條坦然大道，通往他的理性。」西元 1858 年，他在一次競選辯論中說：「你能在所有的時候欺瞞某些人，也能在某些時候欺瞞所有的人，但不能在所有的時候欺瞞所有的人。」這句著名的政治格言，成了林肯的座右銘。第二次世界大戰期間，年近 70 歲的英國首相邱吉爾在對祕書口授反擊法西斯戰爭動員的講稿時，激動得像小孩一樣，哭得涕淚橫流。他的這一次演講，動人心魄，極大地鼓舞了英國人民的反法西斯鬥志。

　　舉一個發生在美國的一件事。有位少年站在地鐵的站臺上，不小心掉到鐵軌上面，此時剛好有一輛電車飛駛而來，雖然他萬幸地保全了性命，但是卻受了重傷，失去了雙手。於是

這個少年就向地下鐵路公司提出控訴。但是不論是地方法院的審判，還是最高法院的審判，都認為這不是地下鐵路公司的過失，而完全是少年自己造成的。因此，這個少年便每天心情沉重，過著鬱鬱寡歡的日子。終於到了最後判決的日子，在這最後的一場辯論中，法院竟宣判少年反敗為勝，而且全體陪審員也一致贊同。據說這完全是少年的辯護律師在當天的最後辯論中說了這麼一句話：「昨天我看到少年用餐時，直接用舌頭去舔盤子裡的食物，使我不禁掉下了眼淚。」

律師這句話使陪審團的判決峰迴路轉，其原因是顯耐易見的，因為人類畢竟是感情動物，即使有千百個理由，也比不上一個令人感動的事實。這表面上看起來是一個理性的意見或判決，但事實上卻是依賴人的感情和五官的感覺來做判斷的。

一個說話者如果講話華而不實，只追求外表漂亮，開出的只能是無果之花，若缺乏真摯而熱烈的情感，只是「人工仿製」的感情，雖然能欺騙聽眾的耳朵，卻永遠得不到聽眾的心，而說話者一旦講話袒露情形，敞開心扉，都會達到語調親切、說理虔誠、熱情迸發、內容充實的效果，也就會字字吐深情，句句動人心。

真情感人，說理事半功倍

卡內基勸誠所有的講演者：不要抑制自己真誠的情感。要讓聽眾看到，演講人對談論自己的題目多麼熱忱，多麼富有情感。

每個人都有熱情，只是在現實生活中，很少有機會能表現出來，加之一般人都不願將自己的感情當眾流露，因此，人們總是透過交流或者參與某種活動，在一個大家都非常投入、十分忘我的氛圍中，以滿足這種感情流露的需求。

其實，日常生活中每個人當眾說話時，都會依自己傾注談話的熱心程度而表現出熱情與興趣。這時，我們的真情實感常會從內心裡流露出來，這是一種自然的流露，也是一種易感染他人的流露。

在說話和演講上，如果我們能夠調動自身的熱情，以情感人，那麼，聽者注意力便在我們的掌控之下，我們就掌握了開啟聽眾心靈之門的鑰匙。

世人對林肯就任第二任總統的一篇演說讚譽備至，稱之為「人類中最光榮而最寶貴的成績之一，是最神聖的人類雄辯的真金」。其演說內容如下：

「我們對於大戰災禍能夠早早結束，都很熱誠祈求。但是，如果上帝仍欲使戰爭繼續下去，並把世人辛苦了 250 年積下來的財富完全化盡，受過鞭笞的身體還要受一次槍刀的殘

害，那我們還是說：『上帝的審判，完全是真實而公平的。』不論對什麼人，我們都要慈愛而不要怨恨，我們還是遵照了上帝的意思，堅持正義；並繼續努力完成我們的工作──整頓我們已經殘破的國家，紀念我們戰死的烈士，以及因戰爭而造成的孤兒寡婦，以達到人與人之間的永久的和平。」

有人評價道：「林肯在蓋茲堡的演說已經十分偉大，然而他第二次就職演說，還要偉大……這是林肯一生中最感人的演說，他的這個演說，使他的智慧和精神的威力達到了登峰造極之境。」

還有人說：「這簡直是一篇神聖的詩，美國歷來的總統，從未對美國的民眾講過這樣的話，而且美國的總統，也從不會有過一位在他的心底裡找出了這樣的話來。」

邱吉爾如果沒有誓與法西斯血戰到底、決一雌雄的氣概，他的演講怎麼會使人同仇敵愾、熱血沸騰？可見，若想講話打動人心，唯一的方法就是以真心換真心！

以情感人的話句句在理

唐代大詩人白居易說：「動人心者莫先於情。」唯有熾熱的情感才會使「快者掀髯，憤者扼腕，悲者掩泣，羨者色飛。」

不管世界上哪一個民族的語言，只要飽含真誠的情感，就能產生巨大的影響，就能喚起群眾的熱誠，就有震撼人心的力

量。美國小說家說得好：「熱情是每個藝術家的祕訣。這如同英雄有本領一樣，是不能拿假武器去冒充的。」任何語言，情不深，則無以動人。

一個演說者如果感情不真切，是逃不過成百上千聽眾的眼睛的。

美國著名政治家林肯非常注意培養自己真誠的品格。

無譁眾取寵之心，有實事求是之意，才能取信於宣傳對象，使他們接受演說者的思想、觀點。一個演說者如果講話華而不實，只追求外表漂亮，開出的只能是無果之花。若缺乏真摯而熱烈的情感，只是用「人工合成」的感情，雖然能欺騙聽眾的耳朵，卻永遠騙取不到聽眾的心。因為心弦是不會隨隨便便讓人撥動的。

一位著名演說家曾這樣說過：「在演說和一切藝術活動中，唯真情，才能夠使人怒；唯真情，才能使人憐；唯真情，才能使人笑；唯真情，才能使聽眾信服。」

若要使人動心，必先使自己動情。

第二次世界大戰期間，英國首相邱吉爾在對祕書口授反擊法西斯戰爭動員的講稿時，「像小孩一樣，哭得涕淚橫流」。他的這次演說動人心魄，極大地鼓舞了英國人民的鬥志。

演說者具有真情實感必須能夠平等待人，虛懷若谷，他的話語方能如滋潤萬物的甘露，點點滴入聽眾的心田。而盛氣凌人、眼睛向上把自己打扮成上帝，以教育者姿態自居的人，是

無法和聽眾交心，贏得聽眾的愛戴的。

演說者不是鼓擊銅鈴，而是鼓擊人們的「心鈴」。「心鈴」是最悅耳、最動人的樂器。因此，演說家應該用真摯的情感、竭誠的態度擊響人們的「心鈴」，刺激之，振奮之，感化之，慰藉之，激勵之；對真善美，熱情謳歌；對假惡醜，無情鞭撻。讓喜怒哀樂，溢於言表；使黑白貶褒，涇渭分明。用自己的心去彈撥他人之心，用自己的靈魂去感染他人之靈魂，使聽者聞其言，知其聲，見其心。

真情實感是演說成功的第一樂章。曾經打敗過拿破崙的米哈伊爾・庫圖佐夫（Mikhail Kutuzov），曾在給卡捷琳娜公主的信中說：「您問我靠什麼魅力凝聚著社交界如雲的朋友？我的回答是真實、真情和真誠。」

真誠的態度是成功的交際者的妙訣；也是演說者和聽眾融為一體，在情感上達到高度一致，在情緒上引起強烈共鳴的妙訣。那種把自己看做是凌駕他人之上的布道者，或自視為高人一等的儒士、學者，開口就是「我要求你們」、「大家必須」、「我們應該」這類的命令式詞句；或用滿口堂而皇之的言辭掩飾自己的真情，聽眾是絕對反感的。所以，當你說話時，不要忘記真情實感。

善用情感，情通自能理達

　　無論你有多好的口才，要想在論辯中說服對方，光靠理論的辯駁往往是不夠的，還需要情感的交流。即不僅要曉之以理，更要動之以情。

　　情感的力量有時是非常巨大的，它甚至可以完成理性所完成不了的工作。軍事家們歷來認為：善戰者，攻心為上。辯論中取勝的方法很多，但最上等的莫若攻心。即抓住對方的心理情感進行攻擊，或使對方心有好感，受到感動；或使對方思想發生動搖、轉變；或使對方心中羞愧，自行退卻。

　　要使情感在說話中發生作用，最根本的是說話者本人要有真情實感。英國前首相邱吉爾是在演講、論辯中善用情感服人的大師。他認為，論說服人重在以情熱情，把自己的情感傳給別人，情通自能理達。

　　第二次世界大戰時，邱吉爾於 1941 年聖誕節前去了美國，希望說服美國人和英國人站在一起，立即參加對德作戰，以扭轉英國所面臨的危險局面。可是，當時不少美國人對英國人不抱好感，反對介入對德戰爭，這給邱吉爾的說服工作增加了難度。但邱吉爾不愧是著名的論辯家，他在做說服工作時十分注意情感技巧的運用，用情感來打動美國人的心，使他們克服了對立的情緒，把英國人當作「自己人」，從而得出應該援助英國、參加對德作戰的結論。邱吉爾在對美國人講話時是這樣運

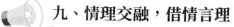

用情感技巧的：

「我遠離祖國，遠離我的家庭，在這裡歡度這一年一度的佳節。但確切地說，我並不覺得寂寞和孤獨。或者是因為我母親的血緣關係，或許是因為在過去許多年的充滿活力的生活中，我在這裡得到的友誼，或許是因為我們偉大的人民在共同事業中所表現出來的那種壓倒一切其他的友誼的情感，在美國的中心和最高權力的所在地，我根本不覺得自己是個外來者。我們的人民講著同樣的語言，有著同樣的宗教信仰，還在很大程度上，追求著同樣的理想。我所能感到的是一種和諧的和兄弟般親密無間的氣氛。

……

此時此刻，在一片戰爭的混亂中，今晚，在所有的郊外別墅裡，在每一顆寬容無私的心靈中，我們得到了靈魂的平安。因此，我們至少可以在今天晚上把那些困擾我們的各種擔心和危險擱置一邊，並在這個充滿風暴的世界裡，為我們的孩子準備一個幸福的夜晚。那麼，此時此刻，在今天這個夜晚，講英語的世界中的每個家庭都應該是一個亮光普照，幸福與和平的小島。……」

邱吉爾從兩國人民間共同的語言、共同的宗教信仰、共同的理想及長期的友誼入手，將這些共同點作為彼此信任、相互理解的基礎提出來，用講英語的家庭都應過一個和平安詳的聖誕節這樣的話語，打動美國人的心，使他們由反戰轉入參戰。

真誠說服，才能合情合理

合情合理，一方面顯示說服者坦誠的態度；另一方面又尊重對方，並為對方著想。這樣就使雙方易於溝通，擴大了雙方的共識，促使合作成功。

在說服對手時，用合情合理的說服技巧，容易獲得好感，被人接納。

松下電器公司還是一家鄉下小工廠時，作為公司老闆的松下幸之助總是親自推銷產品。松下幸之助在碰到殺價高手時，他就說：「我的工廠是家小廠。炎炎夏天，工人在熾熱的鐵板上加工製作產品。大家汗流浹背，卻努力工作，好不容易做出產品，依照正常利潤的計算方法，應該是每件 ×× 元承購。」

對手一直盯著他的臉，聽他敘述，聽完之後，展顏一笑說：「哎呀，我可服你了，賣方在討價還價的時候，總會說出種種不同的話，但是你說得很不一樣，句句都在情理之上。好吧，我就照你說的買下來好啦。」

松下幸之助的成功，首先在於他真誠的態度。他強調自己是依照正常的利潤計算方法確定價格的，自己並無貪圖非分之財之意，他也同時暗示對方無討價還價的餘地。這就使對方調整角度，與其達成共識。

松下幸之助的語言充滿情感，他描繪了工人勞作的艱辛，創業的艱難，勞動的不易，語言樸素、形象、生動，語氣真

摯、自然，喚起了對方的切膚之感和深切同情。

　　正如對方所說的，松下幸之助的話「句句都在情理之上」，對方接受自在情理之中。

　　有一家大型公司的總經理要租用一家旅館大禮堂開一個經銷商會議。剛要開會，對方通知他要付比原來高三倍的租金。沒辦法，總經理去找旅館主管交涉。他說了下面這番話：

　　「我接到您的通知時，有點震驚。不過這不怪您，假如我處在您的地位，也許也會寫出同樣的通知。您是這家旅館的經理，您的責任是讓旅館盡可能多營利。您不這麼做的話，您的經理職位難以保住。假如您堅持增加租金，那麼讓我們來合計一下，這樣對您有利還是不利。先講有利的一面，大禮堂不出租給開會者而出租給舉辦舞會、晚會的，那您可以獲大利了。因為舉行這一類活動的時間不很長，他們能一次付出很高的租金，比我的租金當然要多得多。租給我，顯然您是吃大虧了。現在，再考慮一下『不利』的一面。首先，您增加我的租金，反而降低了收入。因為實際上等於您把我攆跑了。由於我付不起您所要的租金，我勢必再找別的地方舉辦會議。還有一件對您不利的事：這個會議的參加者來自全國各地，他們的社會地位、文化教養、受過的教育都在中等以上。這些人到旅館來開會，對您來說，這難道不是起了不花錢的活廣告的作用嗎？事實上，假如您花 5 千元在報刊上登廣告，您也不可能邀請這些人親自到您的旅館參觀。可是我的會議為您邀請來了。這難道

不划算？請仔細考慮後再答覆我。」

如此合情合理的懇談，任何人都無法拒絕。最後，旅館經理向那位總經理讓步了。這位具有出色口才的公司總經理為人們上了一堂生動的口才課。

真正站在對方的立場上，為對方著想，並全面分析雙方的利弊得失，說話真誠，語氣親切隨和，不卑不亢，合情合理，這是成功地說服對方的真諦之所在。

動之以情，曉之以理

下一個

曾是世界球王比利在二十多年的足球生涯中，參加過 1,364 場比賽，共踢進 1,282 個球，並創造了一個隊員在一場比賽中射進 8 個球的記錄。他精湛的球藝不僅令千萬球迷如痴如狂，有時使場上的對手也禁不住拍手叫絕。他不僅球藝高超，而且談吐不凡。當他創造進球 1,000 記錄時，有人問他：「您最漂亮的進球是哪一個？」

比利笑了笑，意味深長地說：「下一個。」

世界球王比利的確是球藝精湛，談吐也不凡。「您最漂亮的進球是哪一個，」是指已進的 1,000 個球而言的，他卻突破這一局限，將論題轉換成「您最漂亮的進球將是哪一個」，給

了一個出乎意料、耐人尋味的回答：「下一個。」既表達了自己的進取精神，又沒有絲毫炫耀之意，的確精彩至極。

雷根總統的巧妙回答

1984 年 5 月 5 日下午 3 點多，某大學一間大教室內，人頭攢動，無數照相機咔咔作響，許多攝影機對準講臺，掌聲、笑聲不時飛出窗外。美國總統雷根正由校長陪同給正在上課的一百多位大學生作即興發言：

「其實，我和你們學校有密切的關係。貴校長跟我的夫人南希，都是美國史密斯學院的校友呢！」一句回憶大學生活的話，使課堂氣氛更為活躍。它勾起了大學生們的靈感，有位學生站起來用流暢的英語向雷根總統提問：「您在大學讀書時，是否期望有一天能成為美國總統？」雷根聳聳肩，顯然對這問題沒有準備，一時難以正面回答。

只見他神態自若地略一沉思，就接口答道：

「我學的是經濟學，我也是個球迷，可是我畢業時，美國的大學生大約有四分之一要失業，所以我只想先有個工作。於是當了體育新聞廣播員，後來又到好萊塢當了演員，這是 50 年前的事了。但是，今天我能當上美國總統，我認為早先學的專業幫了我的忙，體育鍛鍊幫了我的忙。當然，一個演員的素養也幫了我的忙。」「大學讀書時，是否期望成為美國總統」的問題，用意恐怕是要雷根談一談樹立遠大目標與實現理想的

關係問題，有務實的意味。然而，美國人似乎比較務實，所以雷根沒有泛泛而論，而是轉移了問題，很真誠簡潔地談了自己在大學裡所學的專業和畢業後主要的經歷以及專業與經歷對於成為美國總統的作用。雷根用轉移論題的言語策略迴避了「期望」一詞所展現的實質性問題，但又是圍繞專業與總統的問題展開，靈活巧妙地做出了敏捷而得體的回答。

九、情理交融，借情言理

十、類比析辨，諷喻明理

以事實類比說服更有力量

1938 年 3 月 11 日，希特勒的軍隊入侵併占領了奧地利，猶太人受到迫害。著名的心理學家、精神分析學說的創始人佛洛伊德是猶太人，他的朋友瓊斯勸說他趕快出國，以躲避這場浩劫。但不同意，他說：「這種時候，我不能離開我的祖國，否則，這和臨陣脫逃的士兵有什麼兩樣。」

佛洛伊德的愛國之心固然可嘉，但在這種情況下這樣想問題確實有點書呆子氣，脫離實際了。這時如果瓊斯說他「你怎麼這麼迂腐，不開竅！」不僅無濟於事，還會引起他的反感，越發固執己見。好在瓊斯是個善於說理的人。他說：

「教授，您聽過這樣一個故事嗎？當『鐵達尼號』客輪的鍋爐爆炸的時候，有一名船員被氣浪掀到了海裡。後來有人問他：『你是什麼時候離開輪船的？』他自豪地回答：『我從來沒有離開過輪船，是輪船離開了我。』」

佛洛伊德心領神會，眼中閃過一絲笑意：「讓我再考慮一下吧。謝謝你，親愛的朋友。」隨後，他很快出國避難。這真是四兩撥千斤，一個小故事一下子讓他開竅了！

事實與道理相比，確實具體可感具有說服力。但在具體的說服中，應該針對對方的癥結所在，選取具有類比性的事實來展現說理的意圖。所謂類比性指的是兩個事物在類型、性質和某些特徵上相類似可比較的對應關係。正是這種類似可比的事

實才能促使人產生由彼及此的聯想，進行邏輯推理。水手說：「我從來沒有離開輪船，是輪船離開了我。」這就啟發了佛洛伊德的想法：不是我要脫離國家，而是國家被法西斯控制，已經離開了我。因而他便打消了原先的顧慮。這就是用事實進行類比推理的威力。

第二次世界大戰初期，著名物理學家尼爾斯‧玻爾（Niels Bohr）和恩里科‧費米（Enrico Fermi）等一批猶太人科學家先後來到美國。他們獲悉了一個令人不寒而慄的消息：希特勒先下手為強，已經著手祕密研究核分裂的新技術，企圖製造威力極大的原子彈。他們很想說服美國政府和軍隊首腦下決心研發，爭取搶在希特勒的前面；但是當時的決策者們，對於「用鈾引發連鎖反應的可能性」之類的知識知之甚少。知名度不夠的人前往進諫，很可能被指為天方夜譚。頗有名望的物理學家費米試圖說服海軍上將胡珀，結果沒有成功。儘管胡珀對原子能感興趣，但他也顧慮投資太大，誰能有魄力下這筆巨大的賭注呢？科學家們心急如焚，和科學界的美國同事磋商：只有去說服羅斯福總統才行，可什麼人的聲望和權威可以影響美國總統的決策呢？最後一致推舉愛因斯坦。

愛因斯坦字斟句酌、十分用心地寫了一封長信，指出核子連鎖反應可以製成威力巨大的新型炸彈，只要一枚這樣的炸彈，就足以毀滅整個城市、海港和附近的地區。但是，這位蓬頭散髮、衣著隨意、深居簡出的科學泰斗只能到此為止，他的

權威性見解還需要更有突破能力的人物方能呈達美國總統。

　　一個偶然的機會，科學家們找到一個合適的人選。此人是銀行家，叫亞歷山大・薩克斯，是羅斯福的好友和非正式顧問，而且此人思維敏銳，頗有口才，並經常有機會出入總統辦公室。科學家們都指望他完成這個重大任務。薩克斯弄清了此事的重大意義，決意竭盡一切努力，射門成功。

　　薩克斯等了一些日子才有進入白宮的機會。這一天是 1939 年 10 月 11 日，他把早已譯成英文的愛因斯坦的信讀給總統聽，並讀了科學家們的備忘錄。可是，總統聽不懂那些艱深生澀的科學論述，反應十分冷淡。薩克斯口若懸河，羅斯福卻不勝其煩。最後總統說：「這些都很有趣，不過政府若在現階段就干預此事，看來還為時過早。」薩克斯心涼了。幸虧，當他告別之際，總統為了表示歉意，邀請他第二天共進早餐。薩克斯喜出望外，這是必須把握的機會啊！夜色深沉，萬籟俱寂，薩克斯仰望夜空，苦苦思索：如何說才能使總統頓開茅塞、大徹大悟呢？他為此一夜未眠，終於想到了一個好主意。第二天早晨，他如約坐在總統面前，共進早餐。想不到他還未開口，羅斯福先發制人：「你又有什麼絕妙的想法？你究竟需要多少時間才能把話說完？今天不許再談愛因斯坦的信，一句也不許談，明白嗎？」

　　「我想講一點歷史。」薩克斯胸有成竹，他見羅斯福眼裡含著笑意，立刻單刀直入，舉出事實：「英法戰爭期間，在歐

洲大陸上不可一世的拿破崙在海上卻屢戰屢敗。這時，一位年輕的美國發明家富爾頓來到了這位法國皇帝面前，建議法國的戰艦砍斷桅杆，撤去風帆，裝上蒸汽機，把木板換成鋼板。當時富爾頓已經在巴黎試驗成功用蒸氣作動力來推進船隻，所以他才滿腔熱情地向拿破崙建議建造一支蒸汽機的艦隊，用來橫渡英吉利海峽征服英國。可是，拿破崙對蒸氣技術缺乏了解，又受傳統觀念的束縛，認為富爾頓的建議是異想天開，木板換成鋼板而又沒有帆的船怎麼能行駛？因此，他眉頭一皺，把富爾頓趕出了皇宮。富爾頓無奈只好回到美國實現自己的理想。不久，西元 1807 年世界第一艘以蒸汽為動力的『克萊門特』號輪船終於在紐約誕生了。歷史學家們在評述這段歷史時認為，這是由於拿破崙缺乏見識，拒絕了富爾頓的建議，才使英國得以倖免。如果當時拿破崙多動動腦筋，鄭重考慮一下富爾頓的建議有多麼重要，19 世紀的歷史就要重寫。」說完，薩克斯目光深沉地注視著羅斯福。

羅斯福沉默了幾分鐘，然後取出了一瓶拿破崙時代的法國白蘭地斟了滿杯遞給薩克斯，說了那句足以震動世界的話：「你勝利了！」

薩克斯滿眼是淚！這是《曼哈頓工程》妊娠期的第一天。這個例子充分說明，說服的力量在於鐵的事實，一定要用事實說話！

化被動為主動的析辨說理

勸說別人，其實並不是件容易的事，你至情至理地幫他分析，他只是表面附和，並沒有就你所提出的意見或建議作更深一層的剖析，所以他只是被動地接受。如果你換一種說法，從例子中引出他的反思，這樣勸說的效果可能更好。以下幾點值得我們借鑑：

以事喻理

單純地講道理，未免顯得有些空洞，但以事喻理就使說服的內容不失偏頗，具有真實性、可信性。用事實充實大道理，還可以避免說大話、空話，使理論與實際有效地結合起來。

例如：父親對剛在官場中站穩腳跟的兒子說：「古人有云『常在河邊走，哪有不溼鞋？』你初涉宦海可能還意識不到這一點，但時間長了，就會有人來託你做事，給你送禮，那時你千萬要掌握好分寸，不可成為像和珅那樣貪贓枉法的昏官啊！」

以小見大

芸芸眾生，每個人的思想都不盡相同。即使是同一種思想，每個人認知事物的角度、領悟事物的真諦的層次也千差萬別。所以，在說服別人時講道理也應有層次。少了層次，一下子跨越幾個臺階，會讓人感到道理離得很遠，接受不了。我們

應擅長於小事情中講蘊含著的大道理，於近邊事情中講可望及的遠道理，於淺顯事情中挖掘可觸摸的深道理。

例如：妻子對衣衫不整的丈夫說：「有句話說得很有道理『一屋不掃，何以掃天下？』你連自己的穿戴都不能理好，又怎能去解決各種事情？你工作忙，時間緊，我也能理解，但出門之前把衣物理好又花不了你多少時間。而且，你這樣出門，別人會以小見大，看到你生活沒有條理，便會想到你的工作會不會也是這樣？」

舉例反詰

卡內基說，要想說服別人，最好的方法就是舉出例證。它遠比抽象的論證要有更大的說服力。特別對於那些完全肯定或完全否定的命題，或者類似主觀的臆斷、論斷，只要舉出一個相反的、個別的例子，這些命題、論題就不攻自破了。

有一次，拿破崙對他的祕書說：「布里昂，你知道嗎？你也將永垂不朽了。」布里昂不解拿破崙的意思，拿破崙解釋說：「你不是我的祕書嗎？」布里昂笑了笑說：「請問，亞歷山大的祕書是誰？」拿破崙答不出來，他讚揚道：「問得好！」

看來布里昂並不寄望於依靠名人揚名，但仍不忘作為祕書對主帥的尊重，所以採用表面請教的方式，表達反詰的內容：「請問，亞歷山大的祕書是誰？」這是直接反駁論點，證明了大前提的虛假。大前提不真實，那結論就不攻自破了。

理在情中

感情是人與人之間連繫的紐帶，故而它在人際社交中的作用至關重要。同樣，在說服別人時，更要「曉之以理，動之以情。」有時對方並非對道理本身不接受，而是與講道理的人感情上合不來。這時講道理的人要擅於聯絡感情，注意反省自己有無令對方反感的地方，及時克服和糾正。尤其當對方產生排斥心理時，更要以誠相待，在理解、尊重、關心的基礎上，再講道理。

點到為止

以符合對方的「口味」為出發點，把道理講得繪聲繪色、情趣盎然。美妙的語言是大道理磁石般的外殼，它能吸引聽眾去深入理解其內涵。

囉嗦的話往往令人反感，但有些人恐怕對方聽不懂，翻來覆去地講同一個道理，結果適得其反。所以，我們應因人而異，針對實際掌握要講的內容，該講的一定要「點到」，同時又要注意留下充分思考的時間，讓對方去領悟、消化。

借助外力

我們是如此地在乎別人對我們的感受，所以透過第三者佯裝無意間轉述你對他人的某種意見，往往可以獲得意想不到的勸說效果。

某丈夫經常泡在麻將桌上，妻子多次勸說都無濟於事。一次，妻子在一個同事家訴苦說：「我老公什麼都好，就是整天打麻將，真拿他沒轍。」後來此話傳人該丈夫的耳朵裡後，他的行為大為收斂。

應用這種勸說方法應該注意的是，應該在對人做出肯定性評價的同時提出某種希望，這樣對方才會認為你的話是客觀的，否則只數落缺點而不提及長處，反而有在背後搬長弄短之嫌。

類比諫言，諷喻言理

王顧左右而言他

孟子上朝對齊宣王說：「您有一個臣子，把他的妻子兒女都託付給朋友照顧，自己到楚國去了；等他回來時，發現他的妻子兒女受凍挨餓已有好長時間了，那朋友不顧信義到如此程度！請問，對這樣的朋友，應該怎麼對付呢？」

齊王說：「那就和他斷交！」

孟子又問：「假如管理刑罰的長官不能管理他的下級，那該怎麼處理呢？」

「罷他的官！」齊王答得很乾脆。

孟子緊接著說：「假如一個國家政治做得不好，那該怎麼辦呢？」

齊王明知理虧，無言相對，就回過頭來對左右侍從張望，把話題扯到別的事上去了 —— 他認輸了。

言語交際的過程中，面對上級、長輩等位尊者，為了達到說理的目的，往往採用類比的方式，先從最容易接受的問題入手，一步一步地接近正題，就會使對方不知不覺地就範，這就是類比推進的手法。孟子對齊宣王的進諫，正是採用此法：受朋友之託卻未忠人之事 —— 斷交；法官管不好下屬 —— 罷官；國君管理不好國家 —— 王顧左右而言他。孟子舉出的這三件事，相同的性質是「受人之託」：沒有照顧好別人家屬的人是受朋友之託；法官是受國君之託；國君是受上天或百姓的委託。既然前兩者齊王都採取了果斷的處置措施，那麼對待國君又應怎麼樣呢？國王當然不會自行免職，但他已經明白了四境不寧、人民凍餒窮困的主要責任在已。換句話說，孟子用這種委婉的方式達到了進諫的目的。

鄒忌諷齊王納諫

鄒忌修八尺有餘，身體昳麗（美麗、漂亮）。朝，服衣冠，窺鏡，謂其妻曰：「我孰與城北徐公美？」其妻曰：「君甚美，徐公何能及君也！」城北徐公，齊國之美麗者也。忌不自信，反覆問其妾曰：「吾孰與徐公美！」妾曰：「徐公何能及君也！」旦日，客從外來，與坐談，問之客曰：「吾與徐公孰美？」客曰：「徐公不若君之美也。」

明日，徐公來，熟視之，自以為不如，窺鏡而自視，又弗如遠甚。暮寢而思之曰：「吾妻之美我者，私我也；妾之美我者，畏我也；客之美我者，欲有求於我也。」

於是入朝，見威王曰：「臣誠知不如徐公美，臣之妻私臣，臣之妾畏臣，臣之客欲有求於臣，皆以美於徐公。今齊地方千里，百二十城。宮婦左右，莫不私王；朝廷之；臣，莫不畏王；四境之內，莫不有求於王。由此觀之，王之蔽甚矣。」王曰：「善。」乃下令：「群臣吏民，能面刺寡人之過者，受上賞……」

鄒忌諷齊王納諫的故事中，鄒忌由「妻私我、妾畏我、客有求於我」，因而「我雖不如徐公美，卻都說我比徐公美」的事實，與「齊國地方千里，百二十城，宮婦左右私王，朝廷之臣畏王，四境之內有求於王」的事實相比較而形成的共同之處作為前提，進而由自悟「受矇蔽」到推出「王之蔽甚矣」的結論，前提與結論既抓住了本質屬性推論，又具有內在的連繫，產生了很強的說服力。

智語托揚，設喻說明道理

祭山神求河伯都是徒勞

有一年，齊國發生了旱災。齊景公要去祭祀山神求雨，晏子勸他不必去。晏子說：「山上的石頭好比山的筋骨，泥土好

比山的肌肉，草木好比山的毛髮。長久不下雨，山神的毛髮也枯死了，肌肉也晒焦了，山神難道不急著下雨嗎？倘若山神有本事叫天下雨，那雨早就下了，可見向山神求雨根本沒有用處。」

景公又問：「那我去求河伯行嗎？」晏子回答說：「也不必去。河伯以水為國土，魚鱉是它的百姓，天長久不下雨，河裡的水乾了，等於河伯的國土喪失了，它的百姓也通通要乾死了，難道他不想要天下雨？可見求它是無用的。」

齊景公把山河當成有意志的人格神，想要向它們求雨，晏子據此用人的屬性進行類比，說明山神與河伯也是需要下雨的，而它們卻不能解決自身缺水的困難，所以求他們下雨簡直是徒勞，晏子的觀點是唯物的，至今仍有借鑑和教育意義。

比父子反難責備

從前，有一個姓靳的內閣大學士，他的兒子不成才，但後來他兒子的兒子（即大學士的孫子），卻考上了進士。大學士因此更常常責備他的兒子，有一天他的兒子終於不耐煩了，當即回答說：「您的父親不如我的父親，您的兒子不如我的兒子，我有什麼不成才的呢？」

這雖然是狡辯，但卻又是事實。大學士聽了，放聲大笑，從此便不再責備他的兒子了。

馬克・吐溫巧立規則

馬克・吐溫喜歡讀書，但又沒有那麼多錢買書，只好經常向別人借。時間長了，他的一位鄰居有些厭煩，當馬克・吐溫又一次去借書時，這位鄰居說：「可以，可以。不過我訂了一條規則，從我這裡借的書，必須在我的圖書館裡當場閱讀。」

馬克・吐溫明白了鄰居的用意。一星期後，這位鄰居向馬克・吐溫借割草機，馬克・吐溫也學著鄰居的腔調說：「可以，可以。不過我也訂了一條規則，從我這裡借的割草機，只能在我家的草地上使用。」

結果，馬克・吐溫借書可以當場閱讀，而鄰居卻無法按照規則使用割草機。於是鄰居提議都撤消規則，兩人又恢復了友好來往。

借喻說理，巧答服人

牧羊人巧答解危

在英國約翰王時代，坎特伯雷有一個男修道院院長，因為擁有一所宏偉富麗的房子而遠近聞名。有人說他的房子比國王的還好。國王約翰聽說後非常生氣，便派傳令兵把院長帶來了。

「你是個叛徒。」國王說道。院長心裡清楚國王為何動容，便答道：「陛下，我沒多花我應得的一個錢，難道我違犯

了法律？」國王才不要聽這些話呢，他早已想好了一個絕妙的主意。

「要是你不能回答我三個問題，我就要你的腦袋和全部財富。頭一個問題，我值多少錢？第二，我馳騁世界一週得用多少時間？第三，我在想什麼？」

院長無法回答這些不著邊際的問題，為了保住腦袋，只好採取緩兵之計，說道：「陛下，請給我三天時間讓我想想答案吧？」國王心想，莫說三天，就是三年也想不出名堂來，於是答應了他的要求。

院長離開了國王，就陷入了深深的絕望之中。正巧在路上遇到了他的牧羊人，牧羊人聽了這三個問題，哈哈大笑，自告奮勇代替院長去做回答。

第三天，牧羊人裝扮成修道院院長的樣子，來到王宮。國王心裡暗笑著，開始問道：「院長，你可以告訴我了吧？我值多少錢？」「您值 29 個銀幣。」「什麼？我堂堂一個國王，擁有全國的土地、臣民和財富，才值 29 個銀幣？」國王動怒了。

「是這樣，陛下，」牧羊人不慌不忙地說，「耶穌被抓去，賣了 30 個銀幣，我不能把您和耶穌按照同個價錢賣。」

國王聽了這既有道理又內涵奉承的回答，禁不住樂了。於是又問：「那麼，你再告訴我，我馳騁世界一週得用多長時間？」

牧羊人答：「如果您和太陽一起動身，與它並行整整一天，那您 24 小時就可以轉完世界一週。」

「非常聰明。」國王口裡說著，心裡暗暗吃驚，但他仍然說道：「還有一個問題，你能否告訴我，我在想什麼？」

「能，我能告訴您。」牧羊人說，「您認為我是坎特伯雷修道院院長，而實際上我是他的牧羊人。我到這裡來，是請求您寬恕院長和鄙人，饒了我們吧！」

約翰國王因為這個牧羊人的聰明而非常高興。於是改變了主意，說：「你們可以得到原諒。你還可以拿去這一袋金子，做為對你智慧的獎賞。」

田子方貧賤傲慢

周朝人田子方，是個窮書生，但他刻苦自學，知識淵博，後來魏文侯聽說了，便請他作自己的老師。太子擊從前看不起他，現在見他地位變了，態度也好起來。一次兩人在路上相遇，太子擊趕緊下車，向他行禮，十分恭敬，田子方卻把頭一昂，只管自己走了。太子擊又羞又氣，派人上去截住田子方，質問他說：「是貧賤者可以傲慢，還是富貴者可以傲慢？」太子的意思是，你一個寒士，有什麼資格給我這千乘之尊的太子擺架子？應是我向你擺架子才合乎情理。田子方聽了，知道他對自己的恭敬仍是裝出來釣名聲的，露出一絲冷笑說：「當然是貧賤者可以傲慢啦！富貴者怎麼敢傲慢？如是國君傲慢，人

心定會背離，國家就要敗亡；如果是做官的傲慢，必然受到怨恨，官位就做不穩。而貧賤的讀書人，不過為人用一技之長，如果言語不合人意，獻計不被採用，抬腳就可以走，到哪裡還不是一樣貧賤！富貴者傲慢可能失去富貴，而貧賤者難道還會因為傲慢而失去這個貧賤嗎？」

太子擊聽了，無言可辯。田子方的狂放，可算是把世理參透了。俗話說：除死無大罪，討飯不再窮。人貧賤極了，倒也可以無所畏懼的。

假藉類比說理的語言技巧

鄧艾智辯護自尊

三國時在消滅蜀漢政權中立了大功的鄧艾，知識淵博，反應敏捷，但是卻有口吃的毛病，說話時一著急，就「艾……艾」起來。

有一天，晉文王司馬昭跟他開玩笑說：「你說『艾、艾』，到底是幾個艾呀？」

鄧艾這回卻不口吃，很乾脆地答道：「楚國狂人接輿所唱的『鳳兮、鳳兮……』，本來只是一個『鳳』呀。」

「鳳兮、鳳兮」，出自《論語‧微子》。楚國的狂人接輿，佯狂避世，孔子去楚國時，他一面唱著歌，一面走到孔了的車

前，唱道：「鳳兮，鳳兮，何德之衰？往者不可諫，來者猶可追。……」

這個質辯對答的要點，在於固有名詞「艾」字有雙重意義。它是鄧艾的名字，但是單獨講，則是指「叢生的雜草」。如果結結巴巴地連著說：「艾、艾」，就強調了鄧艾的卑賤性。質問者晉文王正是根據這一點，對鄧艾嘲笑說：「到底有幾個艾呀？」鄧艾的敏捷機智，則表現在他立即與之相對，引用古典，將「幾艾」與「一鳳」對置，給予了有力的還擊。鄧艾說：「作為靈鳥的鳳，即使連呼『鳳兮』，也只是一隻。」這個對答，隱含的意思說白了就是「即使連呼『艾，艾』，艾也是一個。同時，名字雖是卑賤的雜草，實質卻是尊貴的鳳凰。」

鄧艾正是透過這個對答，維護了自尊，駁倒了因蔑視口吃而發問的晉文王。

諸葛恢妙用類比

晉朝時的諸葛恢和丞相王導，在一起爭論並稱姓氏時的先後次序。王導說：

「通常說話的時候，為什麼不稱『葛、王』，卻稱『王、葛，呢？」

諸葛恢立即出語驚人地回答，他說：「譬如人們通常都稱『驢、馬』，而不稱『馬、驢』，難道驢就勝過馬嗎？」

諸葛恢的回答，使王導一下子感到非常難堪，啞口無言。

這裡王導提出問題本來的目的，是想依照姓氏並稱時的先後次序，暗示地說明：優秀的姓氏，一定先稱呼。也就是說，我們姓王的一族，比你們姓諸葛的優秀。所以人們才先稱王而後稱葛。諸葛恢回答之妙，在於他一下子倒轉了王導設置的這個方向，他用驢、馬來替換王、葛，說明人們所以先稱什麼，後稱什麼，只是一種用語的習慣，並不含有誰優誰劣的意思。諸葛恢的言外之意，其實也含有一種類比的意思，從而使對方落入自己的圈套，打破了他對勝利的期待。

孫亮明察鼠屎案

孫亮是吳國孫權的小兒子，自幼勤奮好學，聰明過人，深得孫權喜愛。孫權廢太子孫和後，就立孫亮為太子。孫權死後，孫亮即位當了皇帝，其時才 10 餘歲。

一天，他吃了生梅子後，想吃點蜂蜜解解酸味，就派隨從宦官到皇宮倉庫去取。

孫亮接過宦官取來的蜂蜜正準備吃，忽然發現蜜中有老鼠屎，就放下來，派人把管倉庫的官吏找來。

「蜜中怎麼會有老鼠屎呢？」孫亮問。

「皇上，蜂蜜在倉庫中封閉得很嚴密，老鼠是絕不可能進去的。小臣舀蜂蜜時沒發現老鼠屎。這老鼠屎的來歷，小臣的確不明白，請皇上明察。」管倉庫的小吏分辯說。

「他以前向你要過蜂蜜嗎？」孫亮略一思索，明亮的眼珠一轉，指著取蜜的宦官問小吏。

管倉庫小吏忙回答：「啟稟皇上，他以前向我要過，但小臣不敢私下給他。」

「皇上，他是胡說，小臣從來沒向他要過蜂蜜。」取蜂蜜的宦官急忙辯解。

孫亮聽了，微微一笑，發出命令：「來人呀，給我剝開老鼠屎看看。」

手下人剝開鼠屎給孫亮看，孫亮瞄了一眼，哈哈大笑，對左右的人說：「如果老鼠屎在蜂蜜中浸泡的時間長，內內外外都應該是溼的。現在鼠屎外面是溼的，內面卻很乾燥，顯然是取蜜的奴才因為庫吏原先不給他蜂蜜，趁著這次給我取蜂蜜的機會，暗中放進去的，企圖用這法子誣陷庫吏，圖謀報復。」

取蜜的宦官聽了這話，嚇得面如土色，連連叩頭請罪，不得不招出是自己做的。

孫亮左右的人目睹這場審案經過，都驚嘆小皇帝的聰明機智。

孫亮年齡雖小，卻能運用細緻的觀察和比較嚴密的邏輯分析來查明事實真相，而不是依仗手中的權力來解決問題，這是值得稱讚和學習的。正確的判斷來自周密細緻的調查研究和對所蒐集的資訊的嚴密邏輯分析。為此，必須努力掌握科學的觀察方法和邏輯推理方法，培養觀察能力和邏輯分析能力。

以物喻物，以理辯理

齊威王用人不疑

戰國時，有一次秦軍借道韓、魏以攻齊國。齊威王派將軍
匡章率兵迎戰，兩軍交錯紮營。開戰之前，雙方使者來來往
往。匡章藉機變更了部分齊軍的徽章，混雜到秦軍中待機配
合齊國的主攻部隊破敵。齊威王派往前線的人探不明匡章的用
意，悄悄向威王打小報告說：「匡章可能要帶兵降秦。」威王
聽了置之不理。過了不久，又有前線回來的人向威王報告說：
「匡章可能降秦。」威王仍不理睬。如此再三。

朝廷眾大臣見此情景向齊威王請求道：「多人異口同聲說
匡章行為不軌，大王為何不發兵擊之？」威王胸有成竹地說：
「此人不叛寡人明矣，為何擊之！」果然，時過不久，從前線
傳來了齊軍大勝的捷報。左右很吃驚，詢問威王何以有此先見
之明。威王告訴他們，從匡章的日常表現便可推斷出。

原來，匡章的母親在世時，得罪了匡章的父親，被他父親
殺死埋於馬棧下。威王任匡章為將時，其父已死。威王曾特許
他打了勝仗之後，就為其母更葬，但為匡章所謝絕，理由是：
父親生前未做此吩咐。他說：「不得父之教而更葬母，是欺死
父也。」這使威王堅信：「為人子不欺死父，豈為人臣欺生君
哉？」所以，儘管前線三次送來情報說匡章可能降秦，但威王

都沒有相信，堅持放手讓匡章指揮作戰，終於保住了這次抗秦鬥爭的勝利。

匡章本人回朝知道了此事，十分感動，誓死效忠，遂北伐燕，南征楚，為齊屢建戰功。

齊威王力排眾議，信任匡章，是因為他對匡章有深入的了解。

他對匡章的了解大致有三個遞進環節。首先，他對匡章的日常行為進行了仔細觀察，並抓住了重要的觀察事實，然後對主要事實進行溯因解釋，最後把匡章為子與為臣進行類比，由其「為子不欺死父」推導出「為臣將不欺生君」的結論。

寧戚勸宋桓公止戈

宋國和齊國要打仗，周大夫寧戚勸兩國講和。齊桓公同意了，宋桓公卻不動聲色，態度傲慢。寧戚長嘆一聲對宋桓公說：「宋國真危險啊！」宋桓公問：「你這話是什麼意思？」寧戚說：「依您看，您和周公比，誰更賢明？」宋桓公回道：「周公是聖人，我怎敢和聖人相比！」寧戚說：「在周朝最強盛之時，周公聽說有人來見，即使正嚼著飯，也急忙把飯吐出來，去會見客人。即使這樣，他還怕失禮。可是您怎麼樣呢？宋國這樣衰弱，連年發生殺死國君的事，您的王位並不可靠，就算您像周公那樣禮賢下士，有本事的人恐怕也不願意到您這裡來，何況您還這樣傲慢呢！宋國的處境還不危險嗎？」宋桓

公聽了，連連向寧戚道歉，並同意講和。

　　寧戚勸說宋桓公運用的是直接對比法。他首先開門見山地點明宋桓公眼下的行為將導致嚴重的後果，然後透過對比指明原因。他從周、宋兩國的大小、實力，地位及其與鄰國的關係等外部條件方面和周公、宋桓公兩人的威望和待人的禮數等主體行為方面進行直接對比，揭示出兩者的巨大反差，使宋桓公幡然悔悟。對比法的運用要注意兩點，其一是要同類相比，其二是要找出對比雙方的反差，反差越大，越容易引起思索。

私塾先生作詩訓子

　　從前，有位姓宋的私塾先生，兒子尚幼時便死了妻子，因家境貧寒，未能續弦。他含辛茹苦地將兒子撫養成人。可是，兒子結婚後，卻聽信媳婦的讒言，致使老人衣不暖體，食難飽腹，備受虐待。

　　一日清晨，老人隔窗看見小倆口歡歡喜喜地給孫兒餵飯。老人觸景生情，思緒萬千，便寫了一首詩貼在大門外的牆上：

　　隔窗望見兒餵兒，想起當年我餵兒。

　　我餵兒來兒餓我，當心你兒餓我兒。

　　這首詩通俗曉暢，寓情於理，將祖孫三代的關係描寫得淋漓盡致，發人深思，催人自警。兒媳看後，羞愧難當，終於痛改前非，對老人孝敬了。

　　宋先生教育兒子和媳婦之所以成效顯著，是因為他善於把

握時機和典型事件，以通俗流暢、生動感人的語言揭示了虐待
老人的惡果，喚起了子媳的良知。

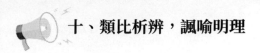

十、類比析辨，諷喻明理

十一、以退為進，以守為攻

沉默應對，以無聲說服對方

雄辯是銀，沉默是金。在說服他人時，適當地採用沉默的技巧，引起對方的好奇心和信賴感，無疑是一種很好的方法。

戰國末年，秦昭王因為採用范雎的「遠交近攻」的外交策略而使秦國在當時占了絕對的優勢。殊不知，范雎為了謁見昭王，竟等了整整一年。見到昭王后，范雎首先示意昭王屏退左右，卻一言不發地站著。昭王於是先開口：「先生有何賜教？」誰知范雎只回了兩聲「是」，又繼續他的「沉默戰術」。然後昭王再度詢問，范雎仍然點著頭回答：「是。」又沉默了。這樣一連反覆了三次，最後昭王終於忍耐不住，再次急迫地追問：「有何賜教，請先生明示。」直到這時，范雎才正式開始他的談話，並得到昭王的嘉許，自此深得昭王信任，登上了宰相的寶座。

美國前總統尼克森在競選時也採用了「無言說服」的技巧，並得到了大眾的支持。

1960 年美國總統的選舉，尼克森和甘迺迪是一對競爭激烈的對手。尼克森以其時任副總統之職，在開始時占絕對的優勢，但選舉的結果，甘迺迪扭轉了形勢，獲得勝利。

1968 年，尼克森再次競選美國總統，他記取上次失敗的教訓，想要徹底改變形象。他所採用的技巧之一就是無言說服。

這次的選舉對尼克森來說，形勢遠比上次艱難，因為他首

先必須打敗洛克斐勒等強勁的對手，贏得共和黨的提名。所以尼克森在邁阿密的共和黨大會中，盡量保持沉默穩重，表現得對自己很有信心。他說話時，除了強調「法和秩序」以及「盡力達到完美境地」外，絕口不提其他具體的策略，希望能藉此完全的無言策略，給人以可信賴感，徹底改變他的「敗犬尼克森」的形象。結果，他的策略成功了，他不僅以微弱優勢獲得共和黨提名，而且在總統大選中，大敗民主黨對手，榮登美國總統寶座。

當然，無言說服本身並不是一種獨立的說服技巧，一味的沉默只能說明你無話可說。沉默之後應有「一鳴驚人」的語言，這樣才能達到說服的目的。

忌堵宜疏：說服生氣的人

氣由心生，悶在心中就如同火山爆發前的岩漿，只有將岩漿引導出來，氣才會消失，說服生氣的人切忌以暴制暴，那樣只會適得其反。

在與人的交往中，當對方因某些原因生氣時，你如何解決這一問題，如何說服他呢？

開口說服他不要生氣之前，第一點考慮應該是：是誰惹他生氣的呢？是自己還是別人。確定他是對你生氣；還是對別人生氣。

如果他真的是對你不滿，你不妨用用這句話「我真誠地向您道歉」。

下面請看一個案例：

凱斯思的高爾夫球夥伴莫斯里是一位來自阿根廷的具有傑出魅力的移民，他在房屋開發行業中卓有成就。一次業餘高爾夫球比賽中，在雙打時另一個選手大衛心情不好。莫斯里的比賽開局良好，但是，後來擊球很糟糕。凱斯思和莫斯里跑到平坦球道的側面等著大衛擊球。他在擊球時錯誤地看高而打空了，使球只沿著跑道跑了幾碼遠。大衛的臉色變得鐵青，大發雷霆地向莫斯里走來，大聲地責備他。

莫斯里是如何反應的呢？他否認了嗎？他嘲笑他的朋友這麼生氣了嗎？他是設法敷衍說「這只是一場遊戲」呢？還是大聲回擊：「別因為你今天心情不好就拿我出氣！」

這幾種回答本身就會使對方更生氣。而莫斯里，一位擅長勸說的人卻沒有這樣做，他從自己的勸說語言寶庫中抽出一個魔力般的表達方法。他只是真誠地說：「大衛，我的朋友，我真誠地向你道歉。」氣憤從大衛身上慢慢消失，就像是水從浴缸中慢慢排出一樣。

「噢，沒關係，」大衛嘟噥著說，「這不是您的錯。」

「我真誠地向你道歉」這句話具有如此魔力，在它真誠的攻勢下，從沒見過任何沒有消氣的人。

您絕不能過多道地歉，因為當時他們感到您說的已經足夠

了，透過接受道歉，他們已經讓您知道了這一點。

對付生氣的人的另外一種較有效的方式，就是承認他說的問題，但要使用「我沒有經驗」這種方法去溫和地表達自己的不同意見。請看以下案例。

喬治的老闆對他大叫：「這個廣告冊子真是太糟糕了，喬治。如果將它刊印出來，我們就將成為別人的笑柄了！」

「我沒有經驗。」喬治靜靜地回答。

「我們不能告訴顧客我們的競爭對手賣的玉米片比我們多。否則他們就會從我們的競爭對手那裡去購買了。」

「我沒有經驗。」

「還有這個 0800 客服電話號碼，它使得消費者不停地打進電話抱怨一些事情，電話費花費要比玉米片的銷售額還多，我們會破產的。」

這位老闆開始消氣平息了怒火。

對付生氣的人切忌以好鬥的語氣說話。和他們說話時要保持低調，幾乎是壓著嗓子：「我沒有經驗。」

循循誘導：說服疑慮的人

善於答疑解惑也是口才表現的一個方面，透過循循誘導，剖析問題，找出根源打開疑惑人的心結，畢竟讓對方相信自己是需要時間的。

你雖然有理，但對方對你心有疑惑，這時要想說服對方改變是很不容易的。

最好的辦法是：只向對方說自己的看法，而由對方最後得出結論！

說對方接受的說法

某家用電器公司的推銷員挨家挨戶推銷洗衣機，當他到一戶人家裡，看見這戶人家的太太正在用洗衣機洗衣服，就忙說：「唉呀！這臺洗衣機太舊了，用舊洗衣機是很費時間的。太太，該換新的啦……」

結果，不等這位推銷員說完，這位太太馬上產生反感，駁斥道：「你在說什麼啊！這臺洗衣機很耐用，到現在都沒有出現過什麼故障，新的也不見得好到哪裡去，我才不換新的呢！」

過了幾天，又有一名推銷員來拜訪。他說：「這是臺令人懷念的舊洗衣機，因為它很耐用，所以對您有很大的幫助。」

這位推銷員先站在太太的立場上說出她心中的話，讓這位太太非常高興，她說：「是啊！這倒是真的！我家這臺洗衣機確實已經用了很久，是太舊了，我倒想換臺新的洗衣機！」

於是推銷員馬上拿出洗衣機的宣傳小冊子，提供給她做參考。

這種推銷說服技巧，確實很有效，因為這位太太已被動搖而產生購買新洗衣機的決心。至於那位推銷員是否能說服成

功，無疑是可以肯定的，只不過是時間長短的問題了。

由此可見，說服也不可盲目地誘導。在說服別人之前，要努力在雙方的經歷、志趣等方面尋找共同點，誘發共同語言，為交際創造一個良好的氛圍，進而使對方接受你的意見。但這種「套近乎」的方法也要講求策略，否則，不看對象、時機而隨便「套近乎」，很可能越「套」越遠。

讓對方充分了解說服的內容

有時，你在勸說別人時，對方可能並沒有完全了解說服的具體內容，就馬上把你否定了；另外還有一種情形是，對方不知你說什麼，卻已先採取拒絕的態度；或者對方目光短淺、自以為是。這時，你一定要耐心地一項項按順序加以說明。

對不能完全了解說服內容的人，你千萬不可意氣用事，而必須把自己所提建議中的重要性及其優點一一展開，讓他自己去權衡利弊。無論如何，你都不能一次說不通就打退堂鼓，因為要想徹底地說服別人也需要一個語言誘導的過程。

態度果斷：說服猶豫的人

猶豫不決的人總是瞻前顧後，左思右想，還是拿不定主意，這樣的人最後什麼事也做不了，什麼事也做不成。對待這種優柔寡斷的人，最好的方法是態度果斷，以自己的堅定信心

打消他的疑慮。

　　面對猶豫躊躇的人，與他們溝通時，經常需要提出你的意見，甚至替他們做決定。此時，明確地說出答案可以當成說服的手段。

　　例如：在服飾店鏡子前比劃許久的女士，常為買這件或那件而傷腦筋時，銷售小姐如果能具體地提出意見：「長裙能表現出飄逸的美感，牛仔褲呈現瀟灑的帥氣。」往往能促使顧客做決定。倘若仍無法選擇時，不妨再告訴她：「你身材修長，穿牛仔褲更合適。」顧客一覺醒就會買下，這是高明的銷售手法。

　　用簡單而又令人驚訝的「斷定法」來操縱對方，往往會獲得立竿見影的效果。例如：某男對自己心儀已久的女子說：「除了我以外，再也無人能讓你幸福，只有我才最合適你。」老練的刑警在審訊犯人時，會在語氣中偶爾插入這樣的話：「你遲早要說出真相！落在我手上的人，沒有一個能隱瞞住真相！」這位刑警重複地將這個資訊灌輸到犯人的腦海中，讓他在無形中產生一種「我一定躲不過」的印象，而最終吐露實情。

　　另外一種促使對方下決心的方法是給人以絕處逢生感。

　　在說服的時候，如果僅指出對方的做法所產生的惡劣後果，就會使他因絕望而放棄自己的想法。相反，如果你在對方洩氣的時候，給他指明一條出路，他肯定會十分高興地採納。

先退後進，誘其就範

「金錶是用金做的嗎？」

香港著名的律師羅文錦曾為這樣的一起經濟糾紛做辯護。

1930 年代中期，英國商人威爾斯向中方茂隆皮箱行訂購 3,000 只皮箱，價值 20 萬港幣，雙方訂下合約，一個月內交貨，保質按量，否則由賣方賠償損失 50%……

一個月後，茂隆皮箱行經理馮燦如期交貨時，威爾斯卻說，皮箱內層中使用了木材，就不能算是皮箱，因此向法院起訴，要求賠償損失。

開庭時，港英法院偏袒威爾斯，企圖判馮燦詐騙罪。馮燦委託當時還不大出名的律師羅文錦出庭為被告辯護。

在法庭上，威爾斯信口雌黃，強詞奪理，氣焰囂張，而庭上的氣氛似乎也有向其傾向的跡象，形勢對被告不利。

這時，羅文錦站在律師席上，從口袋取出一支大號金懷錶，高聲問法官：

「法官先生，請問這是什麼錶？」

法官答：「這是英國倫敦出品的名牌金錶。可是這與本案有什麼關係呢？」

「有關係！」羅律師高舉金錶，面對庭上所有的人繼續問道：

「這是金錶，沒有人懷疑了吧？請問這塊金錶除錶殼是鍍

金之外，內部的機件都是金製的嗎？」

法官顯然已經感到中了「埋伏」。羅律師又說：「既然沒有人否定金錶的內部機件可以不是金做的，那麼，茂隆行的皮箱案，顯然是原告的無理取鬧，存心敲詐而已。」

對方無言以對。這場官司，終以被告的勝利完結。

茂隆行的皮箱案的原告威爾斯，因妒嫉而生毒計，企圖既敲詐一筆錢，又搞臭茂隆皮箱行的名聲。在法庭辯論過程中，如果正面說理，從皮箱的內部構造的角度強調其內層可以是木頭做的，顯然難以說服對方，很可能還會受到對方的嘲弄。因此，羅文錦律師用類比析辯的方式來申述和反駁：金錶和皮箱均取外層的意義，這是其共同點並作為前提，再由「金錶只是外層鍍金，內部可以不是金的」推出「皮箱的內部當然也可以不是皮的」的結論，由此再進一層推出「原告無理取鬧、存心敲詐」，便取得了辯護的完全成功。

攻守兼備的說理藝術

「更珍貴的是右腿還是左腿？」

加里寧是俄國一位傑出的宣傳鼓動家。一次，他向某省農夫代表講解工農聯盟的重要性，儘管他作了詳盡和嚴謹的論證，聽眾始終茫茫然而不得要領。有人遞上一張紙條：「什麼對蘇維埃政權來說更珍貴？是工人還是農夫？……」

　　加里寧眼睛一亮，把握機會反問：「那麼，對一個人來說，什麼更珍貴，是右腿還是左腿？」

　　全場靜默片刻，突然爆發出雷鳴般的掌聲，農夫代表們都笑了。

　　看來對農夫做理論上詳盡而嚴謹的闡述，絲毫不起作用，不僅僅是枯燥的問題，更重要的是難以理解和接受。不能理解，更不能接受，這恐怕是受教育程度的限制。因此，一個恰當的類比卻可以造成十分強烈的征服作用：對蘇維埃政權來說，工人和農夫都十分珍貴，不存在厚此薄彼的問題，如何才能說明這一點？理論的闡述恐怕不能盡如人意，加里寧用人來作類比，「更珍貴的是右腿還是左腿？」這個提法本身就是荒謬的，因為它們同樣重要 —— 這就有力地回答了農夫代表的問題，加里寧的確是一位敏銳而傑出的宣傳鼓動家。

聲東擊西，說理有力

航海與睡床

　　有一天，一個水手準備出海，他的一位朋友問他：「你的祖父死在哪裡？」

　　「死在海裡。」水手回答。

　　「那你的父親呢？」「也死在海洋的風暴中。」

「天哪！」朋友大聲說：「那你為什麼還要當水手去遠航呢？」

水手先淡淡一笑，然後問他：「你祖父死在哪裡？」

「死在床上。」朋友回答。

「那你的父親呢？」

「也死在床上。」

「朋友，」水手說，「那你為什麼晚上還要睡在床上呢？」

水手的朋友用歸納法得出了一個結論，這個結論暗寓在他的問話之中：「什麼地方出現死亡就不應該到什麼地方去。」水手沒有直接反駁，也用歸納法推出可供類比的另一個小前提和結論：既然航海出現死亡就不應該航海，那麼，睡在床上出現死亡就不應該睡在床上。這個結論顯然是荒謬的，由此上推，也就否定了其錯誤的觀點。不過，有必要指出的是，睡在床上的危險性與航海的危險性也不可同日而語，我們只能說水手的朋友的勸說也許是出於好心，只是說法過於簡單而已。

十二、轉移暗換，智語言理

如法炮製，以謬制謬

是指當遇到他人不正當的要求或詰難時，我們可以針對其思維模式或語言結構上的缺陷與漏洞進行如法炮製，達到以謬制謬的效果。

如法炮製幽默術的特點在於明知謬誤而不直接揭露，而是照貓畫虎，使對方太阿倒持、哭笑不能。所以該幽默術運用的一個前提條件是對方論點的荒謬性。自己將這種荒謬作為一種前提接受下來，並推出新的結論，施之於對方，令其自作自受。

一個吝嗇鬼公司老闆叫祕書去為他買酒喝卻不給他錢。

「先生，沒有錢怎麼買酒？」老闆說：「用錢去買酒，這是誰都能辦得到的；但如果不花錢買到酒，那才是有能力的人。」

一會兒，祕書提著空瓶子回來了。老闆十分惱火，責罵道：「你要我喝什麼？」

祕書不慌不忙地回答說：「先生，從有酒的瓶中喝到酒，這是誰都能辦得到的；但如果能從空瓶裡喝到酒，那才是真正有能耐的人呢！」

買酒需要錢，這是誰都明白的道理，可是老闆卻故意刁難祕書，給他難堪。但事實上，不用錢又想「買」到酒本身已說不通，更不用說它到底能否作為判斷一個人能力的標準了。照

常規的做法，很多人可能礙於情面，打掉牙往肚子裡咽，自認倒楣；有些人則可能要跟老闆講一番沒錢何以能買酒的道理。其實兩種方法都不如這位祕書所採用的方法來得明智機巧、詼諧有趣，這就是如法炮製法。

祕書依照老闆的思維模式，即用某種絕不可能達到的要求可以考驗出一個人的「能耐」來，並將它與老闆喝酒這件事結合起來，形成一個新的結論，即：有酒喝酒不算有能耐，沒有酒而能喝到酒才算真正有能耐。當然，這也是一個謬論，但由於它是根據老闆本人的荒唐邏輯推理出來的，所以老闆不能對它矢口否認。

這樣就輪到老闆難堪了！

有一位享譽日久的作家出身於木匠家庭，但他對此並不隱諱。

有次他碰見一紈褲子弟。這位子弟對他十分嫉妒，高聲問道：

「對不起，請問閣下的父親是不是木匠？」

「是的。」作家回答。

「那為什麼沒把你培養成木匠？」

作家略加思索，笑著問道：

「對不起，那閣下的父親想必是紳士？」

「是的！」對方高傲地回答。

「那他怎麼沒有把你培養成紳士呢？」

按照紈褲子弟的邏輯，什麼樣的父親應該培養出什麼樣的兒子，這顯然是一個謬論。作家敏銳地抓住了他這個錯誤，卻不正面揭露而是如法炮製，使其碰一鼻子灰。

一般來說，如法炮製幽默術比一般幽默技巧富於論辯色彩，有時甚至具有很強的攻擊性，因而在使用過程中有一個「度」的掌握問題。若在以牙還牙，以眼還眼的同時，更能緩和雙方關係，便符合幽默藝術的宗旨了。

一語雙關，喜劇效果

說話時，可利用表面言甲事物，實質上暗示於乙。透過二者對比，形成眾人認同的反差，使人心領神會，從而達到幽默的效果。這就是「一語雙關」。

雙關是一種修辭方法，這種表達方式大多是利用了詞語的多義性或詞的音同意近現象，故意使某些詞語在特定的環境中臨時具有雙重意義來表達說話者的意思，而聽者可以借雙關的意義心領神會，從而造成含蓄、生動或幽默、風趣的特殊效果。

一位中學語文老師在向學生講授如何修改文章時，巧妙運用雙關的表達方式，深入淺出地講解了修改文章的重要性。他說：「每個人的臉皮就是一篇天生的『文章』。古今，許多女人都是非常講究『修改文章』的。她們每天早晨起來梳妝，對

著鏡子，用粉底反覆『揣摩』，再用高級胭脂、唇膏精心『潤色』，還要用特製的眉筆仔細地修改『眉題』。甚至於連標點符號也毫不含糊—— 非要用手術刀將『單括號』改為『雙括號』不可！你們看，這是何等嚴肅認真、高度負責的態度啊！」

這番生動形象、風趣幽默的雙關語運用，使課堂裡充滿了笑聲，使學生加深了對於修改文章重要性的理解，獲得了引人入勝的效果。

從前，有個媒婆，她憑一張巧嘴不知使多少青年男女結了良緣。一次，她遇到了難題。一位女孩缺了一塊嘴唇，一直嫁不出去；一個年輕人沒有鼻子娶不上老婆。他們雖然容貌各有缺陷，但找對象卻都要求對方五官端正。結果，這位巧嘴的媒婆還是把他們說合了。

媒婆對年輕人說：「這女孩沒有別的毛病，就是嘴不好！」年輕人想，多半是心直口快，愛嘮叨，於是說：「嘴不好不算大毛病，慢慢她會改嘛！」媒婆對女孩說：「年輕人什麼都好，就是眼下缺少點東西。」女孩聽了以為是結婚禮品準備不全，就說：「眼下缺少點東西沒關係，我多陪嫁點就是了。」媒婆見雙方表示同意，於是叫他們把自己的話寫下，以免口說無憑。

在那父母之命，媒妁之言的社會，他們沒有見面就這樣定下了自己的婚姻大事。到了新婚之夜，真相大白了，雙方都指

責媒婆騙人，媒婆卻拿出字據說：「我怕你們不滿意這事，都清清楚楚、明明白白地告訴你們啦。（對年輕人）我不是跟你說了女孩嘴不好嗎？（對女孩）我不是告訴你年輕人眼下缺點東西嗎？可是你們都同意了，還立了字據呢！怎麼能說是我騙人？」兩個人都無話可說了。後來這對青年生活得挺美滿。

這位媒婆真是有口才，將一對無情卻有緣的人牽到了一起。女孩「嘴不好」，年輕人「眼下缺少點東西」，是利用多義構成雙關：按年輕人的理解，女孩「嘴不好」多半是心直口快，愛嘮叨，然而，還可表示「兔唇」；按女孩的理解，年輕人「眼下缺少點東西」，是結婚禮品準備不全，然而，「眼下」的引申義是目前，指說話這個時候，媒婆卻用的是它的字面意思，真的是「眼睛下面」。由於兩位青年根據自己憧憬的形象，作了理想的理解，因而產生了喜劇效果。

隨機應變，應對自如

幽默是一種高超的智慧，幽默需要超人的機智，它是才華學識的爆發，更是平日口語訓練的結晶。幽默，首先應該有隨機應變的靈性，有應對自如的從容。

無論是在針鋒相對的談判桌上，還是在日常交際場合，隨機應變的詼諧幽默的語言都可以令對手大為嘆服，從而打破僵局。

1800 年，約翰・亞當斯（John Adams）競選美國總統。共和黨人指控約翰・亞當斯，說他曾派其競選夥伴平克尼將軍到英國去挑選四個美女做情婦，兩個給平克尼，兩個留給自己。約翰・亞當斯聽後哈哈大笑，說道：「假若這是真的，那平克尼將軍肯定是瞞過了我，全都獨吞了！」約翰・亞當斯利用幽默的語言既嘲弄了誹謗者，又使自己得以清白，讓選民弄清了真相，終於當選為美國歷史上第二任總統。

在社會交往中，幽默是一份上好的禮品，能彈去不快，增添人們的歡樂，還能巧妙地擺脫自己或他人面臨的窘境。

一次，某君陪女友到服飾店買衣服。當挑選到第四件時，店員已臉色不悅。某君心平氣和地說：「不是說『百問不煩，百拿不厭』嗎？我們才拿了四次，離一百次還差九十六次，遠沒達到規定的指標。」店員道：「你要挑一百次，我們怎麼做生意？」某君笑道：「哪可能呢？挑一百次我們自己先就累死了。哎，建議你們把服務改為十次，我們顧客沒有精力完成一百次。」店員忍俊不禁，終於露出了笑容，從而避免了一場爭吵。

總之，幽默常常能使你化干戈為玉帛，處尷尬而輕鬆，為你融洽氣氛、協調關係造成意想不到的作用。

應對困境的幽默方法很多，下面介紹幾種主要的方式：

歪解法

歪解法就是以一種輕鬆調侃的態度，隨心所欲地對一個問題進行自由自在的解釋，硬將兩個毫不沾邊的東西捏在一起，造成一種不和諧、不合情理、出人意料的效果，在這種因果關係的錯位和情感與邏輯的矛盾之中，產生幽默的效果。

歪解幽默術並不神祕，也不深奧，只要是出於表達情感的需要，而不是死心眼地有一說一，有二說二，誰都可以學會。

迂迴法

迂迴幽默術就是真假並用、褒貶並用、正反並用，以曲折的、間接的，而且帶有很大的假定性，把你的意見小作扭曲，使之變成耐人尋味的樣子，透過扭曲形式來使對方領悟你真正意思的一種幽默方法。這種手法往往能夠獲得「山重水複疑無路，柳暗花明又一村」的效果。

有一年在「香港小姐」半決賽中，主持人問：「請問楊小姐，假若你要在下面的兩個人中選一個做你的終生伴侶，你會選擇誰呢？這兩個人一個是蕭邦、一個是希特勒！」這個問題令人兩難。選擇前者或後者，均有缺憾，明顯是一個陷阱。但見楊小姐毫不猶豫地說：「我會選擇希特勒。」楊小姐的回答引起了聽眾和記者的騷動，有人問：「你為什麼選擇希特勒呢？」楊小姐從容地回答：「我希望能感化希特勒。如果我嫁給希特勒，第二次世界大戰肯定不會發生，也不會死那麼多人。」

蕭邦是著名的音樂大師，而希特勒則是一個慘無人道的戰爭販子。「嫁給希特勒」，誰也沒有想到她有如此令人驚異的回答。正當聽眾極為不解的時候，楊小姐卻來了一個 90 度大轉折，使聽眾不禁對她機警的回答，敏捷的思維，感到由衷佩服。

迂迴法的幽默技巧，要害在於迷惑對方，然後給對方一個完全相反的解釋。而這個解釋要事先埋伏在迷惑他的語言中，而這種埋伏的語言必須是有可能作正面和反面兩種解釋的。

擬人法

擬人幽默術，是創作童話、動畫和寓言的常用手法。所謂擬人幽默法，是從童話王國、動畫世界裡尋找幽默感。

生活中，有些東西是沒有情感的，缺乏動機、目的和手段。而擬人則是賦予這些東西強烈的感情色彩和某種動機，把某些無意識的結果變成有意識的自覺行為。幽默往往由此而產生。

蘇格拉底是古希臘哲學家，有一次他和一位批評家相遇。這位批評家是個禿子。禿子一見面除了批評蘇格拉底之外，還對蘇格拉底進行謾罵，可是蘇格拉底一聲不吭。批評家餘怒未消地說：「你還有什麼話要說嗎？」，氣勢咄咄逼人。蘇格拉底只是淡淡地說：「沒有，沒有，我只是羨慕你。」批評家奇怪地問：「你羨慕我什麼？」蘇格拉底回答：「我羨慕你的頭

髮，它真聰明，早早就離開你的腦袋了。」批評家啞口無言。

蘇格拉底把頭髮擬人化，並以其聰明，自動離開，來表示對此人的厭惡。既然他的頭髮都厭惡他，別人就不用提了。

在人際社交過程中，運用上述的幽默應變術定能使你身處困境從容應對，安然渡過。

出其不意，巧答妙對

掌握出其不意的表達方式，會獲得峰迴路轉的效果。這種表達方式在各種交際場合都特別需要。

一位年過半百的貴婦問蕭伯納：「您看我有多大年紀？」「看您晶瑩的牙齒，像 18 歲；看您蓬鬆的捲髮，有 19 歲；看您曲線的腰身，頂多 14 歲。」蕭伯納一本正經地說。

貴婦高興地笑了起來：「你能否準確地說出我的年齡來？」

「請把我剛才說的 3 個數字加起來。」

那位貴婦先是愕然，繼而發出一陣甜甜的笑聲。

日常生活及特定的處境中，有些出其不意表達的語言，是非常精彩的。社會生活中，有時會遇到一些過於自信，聽不進不同意見的人。遇到這種談話對象時，最好採用迂迴說理的口才技巧，從側面，從背面，從對方意想不到的方面去突破，使其就範。

一位莊園主，曾在美國獨立戰爭時做過不少事，但沒知

識，看到戰友們有的當議員，有的任州長，心裡難免疙疙瘩瘩的。

一天，他問州長：「打天下者坐天下，這是天經地義的；可是現在卻讓知識分子坐天下，這是什麼意思？」

州長：「就承認您說的對 —— 打天下者坐天下；可是，打天下的人都漸老了，要不要選換接班人？」

莊園主：「當然需要！可為什麼挑知識分子接班？」

州長：「同樣都是沒有參加打天下的後輩，你說有知識好，還是沒有知識好？」

莊園主：「這個……」

州長：「再說，新憲法規定『國家發展教育事業，提升人民的科學教育程度。』從歷史發展趨勢看，將來人人都要變成知識分子。如果有知識、有文化的人都不能坐天下，那就沒有坐天下的人了。」

莊園主：「那個……」

從這番話可以看出，勸說抱有成見的人，或難於接受自己的觀點人，可轉變話鋒，先同意對方「言之有理」，使對方心理上得到暫時的滿足，然後在採用推理的方式，一步一步將對方誘入自己的「陷阱」。

大作家巴爾札克（Honore de Balzac）成名後一度輕信武斷。他的老師為了教育他，有一天拄著拐杖去拜訪他。

巴爾札克的老師拿著一本小學生的作業本遞給他，說：「親

愛的巴爾札克先生，您是一位大作家，所以我想請您仔細看看這本作業本，告訴我這個孩子的作文水準究竟如何？今後前途如何？」

巴爾札克看完後，望著老師，非常嘆氣地說：「恕我直言奉告您，這孩子今後是沒什麼出息的，從字跡看來，這孩子顯得很鈍。」

「您成了聲名遠颺的大作家，怎麼連你自己的筆跡也認不出來了？這是你小學學生時用過的許多本子中的一本呀！」老師說道。

巴爾札克不禁愧色滿面，從而改掉了這個缺點。

這位老師採用迂迴說理的口才技巧，比直接批評巴爾札克效果要好得多。

巧言辯理，維護自尊

伊索兩備舌頭宴

著名的古希臘寓言家伊索，年輕的時候給貴族當奴隸。一次，他的主人設宴請客，客人多是當時希臘的哲學家，主人命令伊索備辦酒餚，做最好的菜招待客人。伊索專門收集各種動物的舌頭，便準備了一席舌頭宴。開宴時，主人大吃一驚，問道：「這是怎麼回事？」伊索回答說：

「您吩咐我為這些尊貴的客人備辦最好的菜，舌頭是引領

各種學問的關鍵，對於這些哲學家來說，離開了舌頭，就無法闡發他們的哲學要義。因此，還有比舌頭更好的東西嗎？」

客人們聽了，開懷大笑，認為非常有道理。

第二天，主人又要請客，卻故意吩咐伊索辦最壞的菜。誰知當第二天開席上菜時，所有的菜又是舌頭，於是主人大發雷霆。伊索卻鎮靜地回答說：

「禍從口出。誹謗、誣陷、挑撥離間等等這一切壞事，難道不都是透過舌頭出來的嗎？舌頭可以是最好的，但也是最壞的東西啊！」

主人聽了，只得點頭稱是。

唐詩變宋詞

慈禧一生荒淫賣國，偏好附庸風雅。一次她聽說有位文人字寫得極漂亮，便要這位文人給她寫一幅扇面。這位文人準備在扇面上題一首唐詩：「黃河遠上白雲間，一片孤城萬仞山。羌笛何須怨楊柳，春風不度玉門關。」由於心情緊張，竟漏寫了第一句的「間」字。慈禧手下有個奸臣看了，立即進讒言說這是欺她不學無術。慈禧大怒，立即喝令推出斬首，書法家靈機一動，立即奏道：「啟稟老佛爺，奴才寫的不是人人熟悉的那首唐詩，而是一首鮮為人知的宋詞。待我念來：黃河遠上，白雲一片，孤城萬仞山。羌笛何須怨，楊柳春風，不度玉門關。」慈禧聽了，果然琅琅上口，以為真是宋詞，當即免罪加賞。

妙語謔言的喻理技巧

二丑巧言戲張俊

南宋時候，朝廷的軍隊分別由張俊、岳飛、韓世忠、劉光世率領。當時，岳、韓、劉三軍連年在外苦戰，而張俊一軍卻駐在當時的臨安，說是保護都城，實際卻是想方設法搜刮民財，老百姓對其恨之入骨。一天朝中演戲，張俊自然也在前邊觀看。兩個唱戲的丑角很想替老百姓出口氣，便自編了一個小節目。

二丑上臺後，甲說：「世上的貴人，都應天上的星像，我拿渾天儀一照，就知道誰是什麼星。」

乙說：「你知道這裡沒有渾天儀，才敢誇口吹牛吧？」

甲說：「其實重要的是我有欽天監的才能，不用渾天儀也可以。」

乙說：「那就當場試試吧。」

甲於是從腰裡摸出一個中間有孔的銅錢：「這個就可以。」

乙說：「請先照皇上。」

甲裝模作樣照了一會兒，說：「這是紫微星。」

乙指著宰相師垣說：「再照這位。」

甲照後說：「這是文曲星。」

乙指張俊：「再照這位。」甲一照，驚訝地喊起來：「啊呀，

黑漆漆一片，不見星。」乙說：「胡說，怎麼會不見星，仔細再照。」甲裝作認真的樣子照了好一會兒，說：「真的不見星，只看見張循王（張俊當時封循王）端端正正坐在錢眼裡。」

這下，殿內頓時爆發出一陣哄笑。因為大家都明白，這是諷刺張俊不顧百姓死活，只管自己發財。張俊雖然心中明白，羞得臉上紅一陣、白一陣，但在高宗面前，也不好發作。這句話在臨安很快傳開了，大家都知道張俊坐在錢眼裡。

「天下錢糧減三分」

明朝嘉靖年間，全國賦稅繁重，民不聊生，連中小地主也紛紛破產，民怨沸騰，天下不安。嘉靖皇帝迷信道教，不理朝政，誰進諫誰遭罷斥。勇於為民請命的海瑞，冥思苦想，終於有了一條妙計。一天，他和嘉靖皇帝下棋，當海瑞的馬奔臥槽時，便叫道：「將軍！天下錢糧減三分。」接著提車照將，又叫道：「將軍！天下錢糧減三分。」皇帝不明白這是什麼意思，但覺得挺有趣，一會兒棋得了勢，也學著海瑞的腔調叫道：「將軍！天下錢糧減三分。」話音未落，海瑞早已離席跪到地上說：「微臣領旨！」嘉靖皇帝摸不著頭緒，忙問海瑞怎麼了，海瑞說：「萬歲不是說『天下錢糧減三分』嗎？臣一定照辦。」皇帝是金口玉言，說了就算數的，嘉靖只好讓全國減輕賦稅。

變換角色說服力更強

高明的選擇

　　1952 年 4 月，正在競選總統的艾森豪去拜訪戴高樂，他們會晤的地點是在法朗索瓦一世街的一座漂亮樓房裡。

　　那天晚上，戴高樂的心情輕鬆愉快。飯後，他拉艾森豪走出房間，在臨花園的遊廊裡坐了下來。戴高樂對艾森豪說：「我們倆都會接受民眾的召喚去領導各自的國家。您會先我一步。我也終將接受法國民眾的召喚去領導法國。肩此重任，非我莫屬。趁我們還都沒有上臺並且有機會坐在一起的時機，我想我們最好說一說那些會引起我們兩國間摩擦和麻煩的問題。」艾森豪表示贊同。戴高樂接著說：「比如：有件事很使法國人感到惱火：設在我們殖民地的美國領事館和美國駐法使館，總是喜歡聽那一幫要舉行叛亂、反抗法國統治的傢伙們胡說八道，並且願意接見他們。」對此，艾森豪用外交辭令答道：「對法國人的這種感情，我可以理解。可是，美國有同情獨立運動的傳統，雖然我們絕對不會以任何方式支持那些人反抗法國，然而，按照美國的傳統，我們卻不能拒絕傾聽他們的聲音。」對於這一回答，戴高樂沒有再說什麼。

　　戴高樂隨後又提出了另一個問題：法國交通規則規定汽車一律用黃色前燈，可是幾乎所有在歐洲盟軍最高司令部工作的

美國官兵的汽車至今仍然打著白色前燈到處亂跑。艾森豪明白了戴高樂由剛才那麼重大的問題一下子轉向車燈問題的用意。他這次當然不能再用回答前一個問題時的態度回答了。艾森豪盯著歐洲盟軍最高司令部工作的翻譯問道：「沃爾特斯，你的前車燈是什麼顏色？」沃爾特斯不好意思地回答說：「白色的，將軍。」艾森豪說：「明天務必換成黃色的。」隨後，他轉向戴高樂：「事情雖小，但很傷感情，這點我懂得。請放心，我一定下令，在這方面一律按法國法規行事。」

　　對於可能會引起摩擦和麻煩的問題，選擇恰當的會談時間、地點，採取妥善而有效的解決問題的策略和方法，選取恰當的表達方式都是十分重要的。在艾森豪和戴高樂的非正式會談中，戴高樂對時間、地點以及自己心境的選擇可謂匠心獨運，而艾森豪在問答兩個不同的問題時所採取的不同的策略和表達方式也是恰到好處。

曹沖智救庫吏

　　曹沖是曹操的小兒子。他是一個聰明活潑、愛動腦筋的孩子，深得曹操喜愛。10歲的曹沖與一位管倉庫的庫吏關係很好，庫吏為人厚道，常逗曹沖玩，曹沖也從不擺公子的架子，把他當大朋友。一天曹沖見庫吏愁眉不展，心事重重，知道他遇上了麻煩事，就關心地問他為什麼事煩惱。庫吏把煩惱的原因告訴了曹沖並請他幫忙。

原來，曹操讓庫吏把自己最心愛的馬鞍收藏在倉庫裡。哪知，該死的老鼠把馬鞍咬破了幾個大洞。曹操向來軍令很嚴，要是讓他知道了這事，不殺頭也得打個半死。庫吏本想把自己綁起來去向魏王請罪，又怕魏王不寬恕，正在左右為難。曹沖聽了這事，低頭沉思了一會兒，便寬慰庫吏說：「別擔心，我有辦法了。你後天中午去見我父親，主動報告這件事，請求他老人家懲罰。到時候，我會設法救你的。」

　　庫吏半信半疑地答應了。

　　到了第3天中午，曹沖把自己的衣服用刀挖了幾個洞，像是老鼠咬的，然後穿著這衣服，裝著悶悶不樂的樣子去見父親。「沖兒，你怎麼啦？低著頭，像受了什麼委屈，誰欺負你啦？」曹操忙問愛子。「爹，您看，我的衣服被可惡的老鼠咬破了。聽人說，衣服讓老鼠咬了，會倒楣的，所以，我……」曹沖表現出難過的樣子。「哈哈！我的傻兒子，那都是別人胡說八道，沒有這回事。衣服破了換一件，別難過了。」曹操寬慰兒子。

　　正在這時，庫吏照曹沖的吩咐來見曹操。他反綁雙手，跑在曹操面前，報告馬鞍被老鼠咬破的事，請求治罪。這事，要在往日，曹操定會大發雷霆，不懲罰他才怪。今日卻出乎意料，曹操竟笑著說：「老鼠咬破馬鞍，這是沒辦法的事。你看！」他手指曹沖，「沖兒的衣服天天放在身邊，還被老鼠咬了，何況藏在倉庫裡的馬鞍呢？今後小心提防就是了。」

「是，是！小的今後一定多加小心。」庫吏連聲道謝。

曹沖見父親寬恕了庫吏，調皮地向庫吏眨眼。庫吏明白這是公子救了他，心裡萬分感謝。

曹沖 7 歲時，在眾大臣無計可施時，想出了稱大象的方法，可謂才智過人。這次又機智地救助了庫吏，顯示他對成人，尤其是對他父親的心理活動有比較深入的了解。以他的身分，直接求情，不行就耍賴，未必不能解決問題，但那是下策，他要靠自己的智慧來幫助他人。他用的這種方法在邏輯上稱為「類比推理」類比推理是這樣一種推理：它根據 A、B 兩類對象在一系列屬性（性質和關係）上相同或相似，並且還知道 A 類對象有其他屬性，由此推出 B 類對象也可能有其他屬性。如果以 a、b、c、d 表示屬性，那麼類比推理的格式可用符號表示如下：

A 類對象有屬性 a、b、c。

B 類對象也有屬性 a、b、c。

A 類對象還有屬性 d。

所以，B 對象也可能有屬性 d。

具體到上述事例，其推理過程可簡述如下：曹沖和庫吏都有東西，由於自己保管不小心而被老鼠咬破了，兩人心裡都很難過……曹沖根據對自己平日與父親的關係的了解，他知道父親會原諒他，而不會批評或懲罰他。有此先例，他推測他父親也會原諒庫吏。結果果如其所想。

轉移視線，說理妙招

孔融智見李膺

東漢時在河南做官的李膺聲名很大，不輕易與人交結應酬。他給自家的管門人規定：如果不是當代名人和親戚朋友，都不准通報。

一天。李府大門外來了一個十幾歲的小孩。這孩子眉清目秀，行為舉止落落大方。他走上前來，從容不迫地對管門人說：「我是李府君老朋友的兒子，煩您通報一聲。」管門人見他這樣說，進去報告李膺。當時，李膺正在和幾個朋友談話，聽說求見的孩子自稱是老朋友的兒子，就順口吩咐：「請他進來。」

這孩子從容地整理了一下衣服，昂首闊步地走上堂來，像老相識一樣向李膺施禮問安。李膺抬頭一看，不禁愣住了，「噫，這是誰家的孩子，我怎麼從來沒見過？」李膺在心裡嘀咕著，他試探地問孩子：「你這孩子是誰家的呀？你祖父和我是老相識嗎？」孩子不慌不忙地回答：「是這樣的，我姓孔，叫孔融。府君姓李，八百年前，我的祖先孔子與您的祖先老子，道德同樣高，名聲同樣大，而且他們之間交誼深厚，情同師友。算起來，我家與您家才真是世世代代相傳的老朋友呢。」李膺聽孔融這麼一說，恍然大悟，打心眼裡欣賞孔融的大膽和機智，樂呵呵地說：「對，對對！好，好極了！我們的確是世

交。」忙叫人給孔融安置座位。

原來孔融隨父親孔伯到京城不久，聽說李膺德高望重，一心想見見他；又聽說李膺的規矩，知道輕易見不著。這天，他靈機一動，就想出這麼個辦法。

過了一會兒，太中大夫陳煒到李家作客，有個客人把剛才發生的事告訴了他。陳煒不以為然地說：「人小時候有點小聰明，長大了未必有什麼過人之處。」陳煒的話剛說完，孔融就接過話頭，「聽您剛才說的話，您小時候肯定是一個『有點小聰明』的人。」在坐客人聽了，哈哈大笑，陳煒鬧了個面紅耳赤。李膺也忍不住笑了起來，說：「這孩子將來一定是個了不起的人。」

孔融與李膺之間的交往既是長幼之交，又是初交，孔融雖然是有備而來，但是他畢竟是貿然造訪，並且所面對的交際對象是一位聲名很大、又很自負的人。因此，這是一次難度頗大的交往。孔融之所以能得到李膺的禮遇，是由於他的禮貌、儀態、膽量和機智征服了李膺，世交之說，足見其不同凡響。

在說笑中言明道理

乾隆皇帝風流儒雅，經常四出巡遊。或察吏治，或觀民情，或縱覽山水。有一次他沿衛河乘船南巡，動不動就靠岸詳察。船到達山東境內一個小鎮時。他又心血來潮，想了解一下

民間疾苦。於是就命人叫來一個農夫，親自詢問當地農事、
年景，又特意問及地方官吏賢明與否。農夫小心應對，一副恐
懼模樣再加上濃重的鄉音，使乾隆皇帝興致更高，開懷之下，
他指了指自己的隨行大員們，對農夫說：「你去認識一下我的
這些大臣，看看他們忠與不忠，稱職與否？」因為是奉旨查
詢，所以這些大臣也不敢怠慢，依次把自己的姓名、官職告訴
農夫。其中有的人因害怕農夫把民間輿論據實上報或回答不周
而觸怒皇上，心裡緊張異常，兩條腿突突直抖。農夫也明白自
己的處境，不稱誰的心，自己也會引來禍殃，而無端的讚譽之
辭，自己又實在不願講。他在這些大臣面前端詳了一回，靈機
一動，轉身對乾隆報說：「恭賀皇上，滿朝文武都是忠臣啊。」
乾隆奇怪地問：「你這樣講有什麼根據嗎？」農夫一臉嚴肅，
恭恭敬敬地回答：「我們這裡看戲時，淨角所扮的的奸臣，像
曹操、秦檜一流，都是大白臉。而您這滿朝文武卻沒有一個這
模樣的，所以他們都是忠臣啊。」乾隆哈哈大笑，賞了農夫又
繼續他的「體察」了。

　　乾隆皇帝南巡，向農夫了解民間疾苦和吏治情況，可謂開
明之舉。然而，要一個農夫奉旨查詢隨行大臣的忠與不忠，稱
職與否，則近乎開玩笑了。一個小小的老百姓對京城官員有
多少了解呢？頂多是道聽途說而已，而且此舉是把農夫推向
了風口浪尖的危險境地，因為無論說誰不忠或不稱職，都可能
遭來殺身乃至滅族之禍。因此，他機智地把現實生活中的官員

轉換成戲臺上的官員，然後再用戲臺上奸臣的臉譜大白臉來衡量現實生活中的官員，沒有發現一個是不忠不廉不稱職的奸臣 —— 當然是不可能發現的了！這又不是在演戲，可又的的確確是在演戲！看，一位農夫，角色轉換的言語策略動用得多麼嫻熟，既諷刺了那些老爺，又保全了自己。

電子書購買

國家圖書館出版品預行編目資料

懂聊，敢聊，肯聊，才能聊出一朵花：交談話
題、說服策略、溝通技巧，突破對方心理防
線，改善工作和生活，一箭雙鵰！ / 劉惠丞著 .
-- 第一版 . -- 臺北市：崧燁文化事業有限公司，
2023.02
面；　公分
POD 版
ISBN 978-626-357-077-1(平裝)
1.CST: 說話藝術 2.CST: 口才 3.CST: 溝通技巧
192.32　　111022267

懂聊，敢聊，肯聊，才能聊出一朵花：交談話題、說服策略、溝通技巧，突破對方心理防線，改善工作和生活，一箭雙鵰！

臉書

作　　　者：劉惠丞
發 行 人：黃振庭
出 版 者：崧燁文化事業有限公司
發 行 者：崧燁文化事業有限公司
E - m a i l：sonbookservice@gmail.com
粉 絲 頁：https://www.facebook.com/sonbookss/
網　　　址：https://sonbook.net/
地　　　址：臺北市中正區重慶南路一段六十一號八樓 815 室
Rm. 815, 8F., No.61, Sec. 1, Chongqing S. Rd., Zhongzheng Dist., Taipei City 100,
Taiwan
電　　　話：(02) 2370-3310　　　傳　　　真：(02) 2388-1990
印　　　刷：京峯彩色印刷有限公司（京峰數位）
律 師 顧 問：廣華律師事務所 張珮琦律師

定　　　價：375 元
發行日期：2023 年 02 月第一版
◎本書以 POD 印製